자본 체력

사랑하는 이준, 이현 그리고 아내 혜림,
존경하는 가족과 도움 준 분들께
이 책을 바칩니다.

자본 체력

닥터마빈 지음

RHK
알에이치코리아

자본주의 레이스에서
승리하는 힘

노인 빈곤율 1위, 자살률 1위, 출생률 최하위(OECD 기준),

그리고,

금융 이해력 77위(2015 S&P 조사 기준).

사람들은 애써 외면하지만 이것이 지금 우리가 살고 있는 대한민국의 민낯이다. 이 사회 문제들을 해결하기 위해 국가는 여러 정책을 펼쳤다. 저소득 노인을 대상으로 지원금과 일자리를 제공하고, 자살률을 낮추기 위해 자살 방지 프로그램과 심리 치료를 권장했으며, 출생률을 높이기 위해 출산 장려금을 지원하고 육아휴직 제도를 추진했다.

그러나 안타깝게도 이러한 제도적 노력은 빈곤율, 자살률, 출생률을 크게 개선하지 못했다. 지난 10년간 200조 원의 예산을 쏟아부었지만 출생 인구는 더욱 줄었고, 노인 빈곤과 자살률도 수년째 부동의

1위라는 오명을 벗지 못하고 있다. 그렇다면 무엇이 문제일까? 사실 이 모든 사회적 이슈에는 근본적 원인이 있다. 바로 '경제 문제'다.

우리는 경제의 근간이 되는 금융, 자본에 대해 얼마나 알고 있을까? 미국 연방준비제도이사회Fed 전 의장 앨런 그리스펀은 "문맹은 생활을 불편하게 하지만, 금융맹은 생존 자체를 어렵게 한다"라고 강조했다. 그럼에도 우리나라 금융 이해력이 아프리카 가봉보다 낮은 세계 77위에 머물고 있다는 사실은 충격적이다.

왜 이런 일이 일어났을까? 대한민국은 1970년대 산업화, 1980년대 민주화, 1990년대 정보화, 2000년대 세계화를 통한 압축성장으로 '한강의 기적'을 이뤘다. 그리고 이러한 결실을 맺을 수 있었던 것은 단연 '노동력' 덕분이었다. 1~2차 산업 중심으로 성장하는 개발도상국에서는 노동이 큰 가치를 발휘하기 때문이다. 이렇듯 우리는 노동에 집중해서 압축성장을 했고, 바로 그 이유로 노동만 중요시하며 살아왔다. 성공은 노동으로 이룰 수 있고, "빨리빨리"를 외치며 더 열심히 일해야만 더 큰 성공을 얻을 수 있다고 믿었다. 대부분의 사람들에게는 '노동소득'이 부를 이루는 공정하고도 유일한 수단으로 여겨졌기 때문이다.

그러나 자본주의 사회에서 돈을 버는 수단은 '노동소득'만 있는 게 아니다. 자본이 자본을 만드는 '자본소득'도 노동만큼이나 중요하다. 우리는 자본주의 시스템 안에서 살고 있고, 이 사실을 외면할 수 없다. 자본주의는 우리 사회를 지탱하는 시스템이자 근간이다. 그렇기 때문에 이곳에서 제대로 살기 위한 최소한의 안전장치는 바로 '자본 교육'에 있다. 우리보다 수 세대에 걸쳐 먼저 자본주의 시스템을 구축한 서구 주요 국가들을 보면 어린 시절부터 철저히 금융 교육을 하고 있다는 사실을 알 수 있다.

그러나 우리는 공교육 12년간,
자본과 금융에 대해 제대로 배운 적이 없다.

그렇게 20대는 금융 알몸으로 사회에 던져진다. 30~40대는 자본을 어떻게 발굴하고 지키고 굴릴지 배운 적이 없다. 50~60대는 평생 열심히 일했지만 은퇴 후 노후가 막막하고 불안하기만 하다. 자본에 대한 교육도 없었고, 경험도 부족했기 때문이다.

우리 대다수는 그동안 자본주의 사회에 살면서도 자본에 대해 너무 무지했고 무관심했다. 오직 소수의 사람들만이 어린 시절부터 부모에게서 밥상머리 자본 교육을 받았다. 많은 이들이 노동에 집중하며 치열한 경쟁 속에서 살아갈 때, 자본의 중요성을 일찍 배우고 깨우친 사람들은 이토록 치열하게 노동에 집중하지 않았다. 그들은 투자를 통해 자본소득을 창출하고 있었다.

그들에게는 '자본 체력'이 탄탄하게 갖춰져 있었다. 그래서 인생이라는 레이스에서도 다른 사람보다 효율적으로 성큼성큼 앞서 나갔다. 반면 자본 체력이 없는 이들은 자본주의 레이스에서 쉽게 지치고 무너졌다. 그토록 열심히 달렸는데 자본 체력이 있는 사람보다 매번 뒤처졌다.

안타깝게도 자본 교육을 제대로 받아본 적 없는 우리 대부분의 현실이 이렇다. 자, 그렇다면 제자리에 주저앉아 불평만 할 것인가? 아니면 지금이라도 자본 체력을 기르기 위해 신발끈을 동여매고 뛰어나갈 것인가? 선택은 당신에게 달렸다.

그리고 그 선택은 자녀에게까지 이어질 것이다. 자본주의 레이스에서 노동소득에만 집중해서 살아가는 가정의 자녀는 부모와 같이 노동에만 집중하며 살아갈 것이다. 반면 어려서부터 부모와 함께 자본 체력을 기른 자녀는 일찍부터 자본의 힘을 알고 깨우치며 그들과 다른 출발선에 서게 될 것이다.

이 책은 자본 체력을 기르기 위한 아이디어로 채워져 있다. 아이디어란 다른 시각과 다른 생각을 열어주는 촉매제다. 과거의 우리는 노동소득을 위한 전구만을 밝히며, 고소득 노동자의 삶을 살기 위해 노력해왔다. 자본소득을 얻을 기회가 있었음에도 노동을 통한 소득만이 최우선 가치로 여겨졌고, 자본이 자본을 버는 행위는 철저히 외면당한 것이 사실이다.

그러니 이제라도 자본소득을 밝힐 수 있는 스위치를 켜야 한다. 자본에 대한 아이디어를 구해야 한다. 내 안에 자본소득 전구가 빛을 발하면, 우리가 몰랐던 또 다른 인생길이 환하게 비춰질 것이다.

이 책의 본문은 크게 세 부분으로 나뉜다. 자본소득 마련을 위한 '준비하기', 자본 체력을 '단련하기', 경제적 자유를 위한 '멀리 보기'가 그것이다. '준비하기'에서는 자본소득을 얻기 위해 필요한 질문과 답, 그리고 부동산 공화국에 살면서 알아야 할 점을 모아 기초 체력을 다진다. 다음 '단련하기'에서는 그동안 배우지 못한 자본주의의 핵심과 우리가 가져야 할 태도를, '멀리 보기'에서는 장기적으로 자본을 얻기 위한 투자 인사이트를 담아 당신의 자본 체력을 길러줄 것이다.

이제라도 소수의 사람들만이 중요하게 여겼던 자본의 길에 환하게 빛을 밝히길 바란다. 자본의 길을 밝히며 걷고 뛰는 데 이 책이 기초 체력이 되길 또 한 번 바란다. 기초 체력이 탄탄해지면 더 멀리, 더 오래 달릴 수 있다. 한 걸음 또 한 걸음, 당신의 자본이 더 멀리, 더 오랜 시간 경제적 자유를 향하여 우리 삶과 함께 나아가길 응원한다.

닥터마빈

차례
_____

자본주의 레이스를 시작하기 전

1
◆ _____

**자본 체력을
기르기 위한
질문**

준비하기

2

3

4

자본주의 레이스를 시작하기 전

준비하기

1

자본 체력을
기르기 위한
질문

내 인생은
언제 흑자일까?

"은퇴 후 노후에 접어든 우리 국민 중 절반이 빈곤에 빠진다."

우리는 시기에 따라 적자 인생을 살기도 하고 흑자 인생을 살기도 한다. 그럼 언제가 흑자이고 언제가 적자일까? 사실 이 책을 읽는 대다수의 독자는 현재 '나름' 잘 살고 있을 것이다. 적어도 지구 반대편 아프리카 일부 주민들처럼 하루하루 기아에 허덕이며 살고 있지는 않으니 말이다.

그러나 노후가 되면 이야기가 조금 달라진다. 안타깝게도 우리나라 국민이라면 노후에 가난할 확률이 굉장히 높다. '노인 빈곤율 OECD 1위(2018년 발표)' 타이틀은 이를 방증한다.

OECD 자료에 따르면 우리나라 65세 이상 인구의 43.3%이 빈곤에 처해 있다. 이 세대는 젊은 날 방탕하게 살지도 않았다. 누구보다 열심히 일하며 한강의 기적을 이뤄냈다.

그런데 그들이 왜 빈곤을 마주해야만 할까? 그리고 지금의 행복을 꿈꾸기에도 아쉬운, 그보다 젊은 세대들은 왜 노후 걱정을 하게 되었을까? 우리 인생의 흐름을 경제적인 측면에서 살펴보면, 그 실마리를 찾을 수 있다.

인생의 흑자·적자 시기

흔히 시간의 흐름에 대해 말할 때 서양에선 직선, 동양에선 원(圓)의 형태로 사고한다고 한다. 인생에 있어서도 서양은 1세부터 100세까지 삶의 흐름을 직선으로 본다. 삶으로 시작해서 죽음으로 끝나는 것이다. 반면 동양은 죽음의 끝에서 다시 다음의 삶을 생각한다. 인생은 삶으로 시작하지만 죽음의 끝에서 다시 삶으로 이어지는 원이라는 의미에서다. 이를 윤회 사상이라고도 한다.

우리의 삶은 이처럼 서양의 직선으로 나아가기도 하고 동양의 원처럼 다시 돌아오기도 한다. 이는 경제적인 측면의 생애 주기에도 적용된다. 태어날 때부터 죽는 순간까지, 우리는 경제적으로 어떤 삶을 살고 있을까? 먼저 우리의 삶을 직선의 시간 흐름대로 살펴보자.

통계청의 '국민이전계정*'이라는 자료를 보면, 우리가 살아가면서 평균적으로 어느 시기에 적자 인생을 살고, 또 어느 시기에 흑자 인생을 사는지 알 수 있다.

• 통계청에서 국민의 연령별 소득과 소비를 파악해 개인의 경제적 생애 주기를 계량화한 자료. 수입보다 지출이 많으면 적자 시기이며, 지출보다 수입이 많으면 흑자 시기로 구분된다.

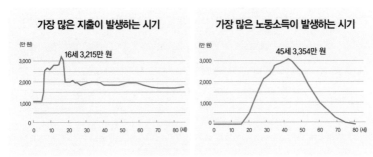

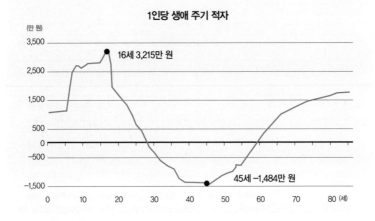

출처: 통계청 2017년 국민이전계정

위 자료를 보면 국민 대다수의 생애 주기별 소비 패턴이 보이는데, 한 사람당 지출이 평균 16세에 최대치를 기록한다는 것을 알 수 있다. 한국에 사는 16세 홍길동은 수입이 0원에 가깝지만, 부모를 통해 지출된 비용이 약 3,215만 원에 달한다. 경제적 생애 주기만 놓고 보면 16세 홍길동은 수입은 없는데 지출만 하는 최악의 적자 인생을 살고 있는 셈이다(그래프1).

홍길동은 그렇게 20세 이후 직접 돈을 벌기 시작하면서 적자폭을 줄여 나가고, 28세에 드디어 흑자 전환을 하게 된다. 그리고 45세가 되면 최대 흑자를 기록하면서 전성기를 맞이한다(그래프2). 그러다가 평균 은퇴 시점인 59세 전후가 되면 다시 적자 인생으로 돌아선다. 다시 제자리로 돌아오는 원과 같은 동양의 사고 체계처럼 말이다.

[그래프 2]

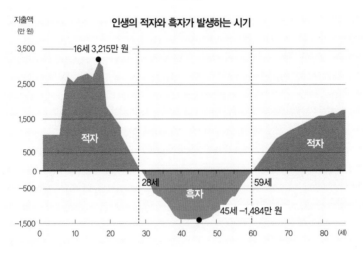

출처: 통계청 2017년 국민이전계정

정녕 '잠재적 가난' 상태로 살아야만 할까?

앞의 자료를 통해 생애 주기를 단순하게 보면 인생의 경제적 흐름은 적자(유년) → 흑자(중장년) → 적자(노년)의 3단계로 나뉜다. 결국 현재 노년 세대는 은퇴 시점부터 근로소득이 사라지기 때문에 가난해지고,

현재 흑자를 이루고 있는 중장년 세대 또한 노후를 위한 소득 수단을 마련하지 않으면 빈곤에 처할 수 있다는 것이다.

우리는 왜 적자로 시작해서 적자로 끝나는, 그야말로 적자 인생을 살고 있는 걸까? 아무도 인정하고 싶지 않지만 대부분의 사람은 이러한 '잠재적 가난' 상태에 노출되어 있다. 우리는 정녕 적자 인생으로 살아야 하는 걸까?

물론 아니다. 현실을 바꾸고자 한다면, 이 문제를 해결할 방법은 분명히 있다. 솔루션은 의외로 단순하다. 바로 소득을 늘리고 지출을 줄이는 것이다. 너무 단순하고 뻔할 수 있지만, 우리 중 절반 가까이는 이 원칙을 지키지 못해 노후에 빈곤한 상태가 된다.

당연히 아는 것 같으면서도 의외로 사람들이 모르는 소득 늘리기와 지출 줄이기. 다음 글에서는 이 방법에 대해 더 자세히 살펴보자.

노인 빈곤율 1위,
나는 안전할까?

나이가 들어서도 흑자 인생을 유지하는 법은 의외로 간단하다.

첫째, 노후에도 소득을 이어가기

첫 번째 방법으로는 은퇴 이후에도 재취업을 해서 근로소득을 얻는 법과 사업을 시작해서 사업소득을 발생시키는 법이 있다. 대부분이 은퇴 이후에 소득을 지속하기 위해 이 두 방법을 사용한다. 그리고 근로소득과 사업소득은 결국 노동이 투입되어 소득을 발생시키는 '노동소득'에 해당한다.

하지만 노후에도 소득을 이어가는 법 중에는 노동소득뿐만 아니라 금융, 자산이 소득을 발생시키는 '자본소득'을 얻는 방법도 있다. 고령이 되면 우리가 가진 노동의 가치가 비교적 중장년 시기보다 낮아진다. 생산가능 연령을 15세에서 64세로 규정하는 이유도 이와 같은 맥락일 것이다. 따라서 자연스레 시장 경쟁에서 밀려난 노후에는 근로 및 사업소득이 제한적일 수밖에 없다.

60대가 되어서도 여전히 건강하고 머리 회전이 빠르다고 자평할 수 있겠지만 현실적 상황은 그렇지 않다. 냉정하게 들리겠지만 시장에선 더 젊고 생산성 높은 인재들이 좁은 취업문을 뚫기 위해 줄을 서 있다. 그렇기 때문에 60대가 넘어가면 사실 젊은 세대와 경쟁하기보다 노동 시장에서 떠나 여가를 즐겨야 할 시기라고 생각해야 한다.

노동 시장에서 떠나면 무엇으로 소득을 얻을 수 있을까? 바로 금융·자산소득, 즉 자본소득이다. 하지만 그 누구도 이 사실을 공공연하게 인정하지 않는다.

왜일까? 노동은 '신성'하게 여겨지기 때문이다. 노동은 생산성 측면에서 이롭다. 인적 자원을 투입해 제품과 서비스를 만들어내고 부가가치를 창출하므로 노동은 '생산적'이다. 반면 자본이 만들어낸 소득은 눈에 보이는 투입 자원이 적다. 따라서 비생산적이라는 논리로 폄하되곤 한다. 하지만 이런 논리만으로 오늘날 자본주의 시스템을 설명할 수 있을까? 결코 그렇지 않을 것이다.

기업을 운영하는 사업가는 투자자들의 투자금을 받아 고용을 더 창출할 수 있다. 또한 연구·개발을 통해 새로운 제품과 서비스를 시장에 선보이기도 한다. 사실 금융과 자산은 이 사회 시스템의 기본이자 근간이다. 우리나라에서 유독 '빚'이라고 불리며 오랫동안 기피해온 '대출' 시스템이 없다면 수많은 창업가와 스타트업은 세상에 나오지 못했을 것이다. 또한 그들의 사업에 대해 평가하고 투자하는 투자자들이 없었다면 개발을 통해 더 혁신적인 제품과 서비스를 시장에 내놓지 못했을 수도 있다.

간단한 예시만 들어 살펴봤지만, 사회 시스템 자체가 이렇듯 자본에 뿌리를 두고 있다. 그러므로 누가 챙겨주지 않아도 지금부터라도 금융과 자본소득에 대해 공부하고 실천해야 한다. 우리뿐만 아니라 우리 자녀 세대는 자본 교육이 더욱 절실하다.

둘째, 노후 빈곤으로 가는 지출 잠그기

앞에서 우리 인생은 적자 – 흑자 – 적자로 이어진다고 했다. 여기서 생각해볼 점은 '내 유년 시절의 적자 인생은 과연 누가 지원했느냐'이

[그래프 3]

1인당 생애 주기 적자 및 경제적 자원 흐름

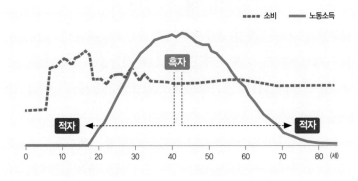

출처: 통계청 2017년 국민이전계정

다. 정답은 바로 부모 세대이다. (물론 정부의 공적 자금도 일부 투입된다.) 그렇다면 내 노년의 적자 인생은 누가 밑에서 받쳐줄까? 바로 자녀 세대이다. 이미 대부분이 그렇게 살고 있다.

우리는 이제 이 빈곤의 대물림을 끊어야 한다. 내가 부모 세대를 지원할지라도 자녀 세대에게만큼은 손을 벌리지 않겠다고 다짐하고 이제라도 준비해야 한다. 그렇게 하기 위해서는 지금부터 경제적 자립 계획을 세울 필요가 있다.

경제적 자립을 위해서는 자본·금융 '소득' 계획과 함께 '지출' 계획도 냉정하게 따져봐야 한다. 소득과 지출 계획을 하나둘 세우기 시작하면, 나의 경제 상황을 명확하게 파악할 수 있고, 곧이어 차가운 현실을 마주하게 된다. 다시 말해 자가용이나 TV를 자주 바꾸고, 귀찮다고 매번 외식을 하거나 남들 따라 자녀의 사교육 지출을 무작정 늘릴 수 없게 된다는 뜻이다. 계획을 세우지 않았을 땐 가지고 있는 자금이 넉넉하게 느껴지지만, 소비와 지출 계획을 잡으면 예산이 빠듯하다는 사실을 깨닫게 될 것이다.

북유럽 국가들이 노후 복지를 잘 유지할 수 있는 이유는 평균 조세부담률이 30~40%를 넘기 때문이다(OECD 조사 기준). 세금을 수입의 30% 이상 떼이고, 고정 지출을 빼고 나면 사람들은 실제 쓸 수 있는 여윳돈이 많지 않다는 걸 깨닫는다. 그렇기 때문에 많은 이들이 자연스레 검소한 삶의 방식을 택하는 것이다.

여기서 세금이 수입의 3분의 1 이상이라는 말은 정부와 국민 사이에 사회적 합의가 되었다는 것을 뜻한다. 사회적 합의는 걷힌 세금이 공적 자금으로 국민인 나에게 제대로 돌아온다는 신뢰를 기반으로 한다(우리나라의 건강보험이 좋은 예시다).

그런데 우리나라가 북유럽 국가처럼 사회적 합의를 위해 신뢰를 구축하기에는 아직 갈 길이 멀어 보인다. 당장 저출산으로 인해 젊은 세대가 훗날 국민연금을 제대로 받을 수 있을지도 의문이다. 또한 LH 투기 사건이나 국민연금 펀드매니저 마약 사건 등을 보면 국민 혈세가 투입된 조직과 기업체가 국민의 실제 이익을 대변하기보다 일부 개인들에 의해 낭비된다는 불신이 이 사회에 만연해 있다.

우리가 이런 문제를 당장 개혁할 수는 없다. 그러므로 국가에 노후를 의지하기보다 자신의 삶은 자신이 미리 계획하고 생각해야 미래를 풍요롭게 할 수 있다. 그리고 그에 앞서 스스로에게 몇 가지 질문을 던져볼 필요가 있다.

'나는 과연 계획 안에서 지출하고 있는가?' '내가 지금 흑자 인생을 살고 있을 때, 마치 모르핀을 맞은 것처럼 부자가 된 기분으로 과소비에 관용을 베풀지는 않았는가?' '자녀와 부모에게 필요 이상의 지출이 발생하진 않았는가?'

만약 계획되지 않은 과소비로 자녀 세대에게 손을 벌리는 날이 온다면 결국 빈곤의 대물림을 다시 자녀 세대에게 지울 수밖에 없을 것이다.

우리의 삶은 앞을 보고 직선으로 나아가지만, 부와 빈곤은 대물림되어 원을 그린다. 따라서 현재 젊은 세대에게 전폭적인 지원을 해준 부모 세대를 돌보는 지출은 마땅히 해야겠으나, 줄여나갈 수 있는 방안 또한 모색해야 하며 이에 부모 세대도 함께 동참할 필요가 있다. 또한 우리 자녀 세대에게 투입되는 과도한 비용을 재점검하고, 불필요한 지출을 통제해야 한다.

빈자는 바쁜 삶을 살며 중요한 것들을 놓치곤 한다. 노동과 근로소득에 집중하다 보니 야근이 일상이다. 인맥을 중시하지만, 정작 중요한 투자나 자본, 그리고 노후 관리는 못 하는 경우가 많다.

반면 부자는 자기 페이스대로 가는 경향이 있다. 회사를 다녀도 노동과 근로소득에 집착하지 않는다. 인맥보다는 다양한 활동을 하고, 활동을 경험 자산으로 만들어 경쟁력을 높인다.

물론 빈자와 부자를 무조건 위와 같이 일반화할 수는 없다. 또 노동의 가치를 폄하해서는 안 된다. 하지만 지출 계획과 투자를 멀리해서는 더욱 안 된다. 노동만 중시하는 가장의 자녀는 노동을, 자본의 힘을 아는 가장의 자녀는 자본을 일찍 이해한다. 세상이 하라는 대로 소비하는 가정에서 자란 자녀와 부모의 주관대로 지출 계획을 짜놓은 가정에서 자란 자녀 역시 다른 길을 걸을 것이다.

그러므로 지금부터라도 경제적 생애 주기를 확인하고, 나는 어디쯤 속해 있는지, 어떻게 소득과 지출 계획을 잡을지 철저하게 고민하는 시간이 필요하다. 그것이 우리에게도, 우리 자녀에게도 현명한 길이라 믿는다.

나는 가난을
소비하는 사람인가?

우리는 잘 인지하지 못하지만 세상은 우리에게 끊임없이 속삭인다.
"소비하라"고.

아침에 일어나서부터 침실에 들어올 때까지 우리는 소비를 부추김
당하며 수많은 광고, 홍보물에 노출되고 있다. 길에서 마주하는 배너,
가게에 붙어 있는 포스터, 대중교통의 옥외광고, 차에서 들려오는 라
디오, 유튜브나 미디어를 통해 노출되는 영상 광고까지.

영국 작가 닐 부어맨은 저서 《나는 왜 루이비통을 불태웠는가?》에
서 현대인은 하루에 3,000개 이상의 광고에 노출된다고 말했다. 하루
에도 수십 번 들려오는 잡음과 공해 수준의 소비 유혹에서 우리는 과
연 가치 있는 선택을 하고 있을까?

소비의 유혹이 점점 강해지는 이유

현대 자본주의 경제가 유지되려면 끊임없이 생산과 소비가 일어나야 한다. 달리지 않는 자전거가 넘어지는 것처럼 우리 사회는 구조적으로 생산과 소비가 없으면 무너질 수밖에 없기 때문이다. 그렇게 사회 생태계가 구축되어 있고 이 시스템의 단점이 극대화된 것이 바로 '소비 지상주의'이다.

소비 지상주의는 자본주의의 명령과도 같다. 역사적으로 대부분의 시대에는 '절약'이 사회 규범이자 윤리였다. 자연재해나 전쟁으로 언제 가난과 기아가 닥칠지 몰라서 작은 것도 버리지 않았고, 사치품은 멀리할 수밖에 없었다. 오직 왕이나 귀족과 같은 상류층만이 사치를 즐길 특권을 가졌다. 따라서 과거에는 먹고살기를 넘어 이익을 극대화하고 싶으면 새로운 곳을 찾아 사냥 혹은 약탈을 하거나 전쟁을 일으켜 남의 것을 빼앗아야만 했다.

하지만 현대 사회에 들어와서는 그럴 필요가 없어졌다. 누군가 내가 가진 것(상품·노동력)을 사들여 나의 이익을 만들 수 있기 때문이다. 그러므로 사회 전체의 이익을 늘리기 위해선 결국 더 많은 소비를 일으켜야만 한다.

소비가 일어나기 위해서는 생산이 늘어야 하는데, 생산을 많이 하기 위해서는 시장의 수요가 많아야 한다. 바로 이런 이유에서 시장의 수요를 자극하기 위해 광고, 홍보 등 대중심리를 활용한 마케팅 기법이 점점 발달하게 되는 것이다.

'머스트 해브 아이템'은 필수가 아니다

'머스트 해브 아이템Must have item'은 사실 그 이름과 달리 대체로 가질 필요 없는 상품이다. 살 필요가 없으니까 이렇게라도 포장해야 팔리는 것이다. (아무도 생수를 머스트 해브 아이템이라고 부르지 않는다.)

하지만 멋진 배우, 모델이 나와서 '이거 하나는 꼭 필요하다'라며 손짓하면, 많은 이들이 SNS에 '좋아요'를 누르고 퍼 나르며 사기 바쁘다. 이렇듯 세간에서는 이것저것 소비하고 현재를 즐기며 살라고 부추기는데, 그동안 많은 공감을 받은 '욜로YOLO(한 번뿐인 인생을 즐겨라)'가 이와 맥락을 같이 한다. 하지만 욜로는 과거에 유행한 '카르페디엠 Carpediem(본디 '이 순간을 소중히 여기고 현재에 충실하라'라는 의미지만 소비를 추구하게 만드는 '현재를 즐겨라'의 뜻으로도 쓰였다)'에서 트렌디하게 슬로건 포장만 바꾸어 소비되고 있을 뿐이다.

우리네 인생은 짧다. 더군다나 지나온 세월은 더할 나위 없이 짧고 무상하게만 느껴진다. 그렇기에 지금 이 순간이 중요하다는 메시지는 나를 포함한 많은 사람들이 마음에 새긴 삶의 모토 중 하나일 것이다.

문제는 이 삶의 모토가 소비 지상주의와 결합하는 순간 엄청난 소비 시너지를 가져오게 된다는 점이다. '어차피 인생은 짧은데 사고 싶은 거 사고 즐기면서 살자'라며 소비 지상주의를 인생의 모토로 삼게 될 수도 있다는 얘기다. 이와 관련해《사피엔스》의 저자 유발 하라리는 소비 지상주의 사회에서 계급 간 지침이 서로 다르다고 말한다. 소수 엘리트 집단의 지침은 "투자하라"이고, 그 외 나머지 사람들의 지침은 "소비하라"라는 것이다.

풍요 속의 빈곤을 소비하다

우리는 이제 굶주림으로 하루하루 걱정하던 빈곤의 시대를 지나 자본주의의 풍요로움 속에 살고 있다. 과거엔 가난한 사람이 굶주림 속에 살았지만, 현대 사회에선 오히려 가난한 사람이 비만에 걸릴 확률이 더 높다. 풍요 사회에서 가난한 사람은 라면, 햄버거와 같은 정크푸드에 더 자주 노출되기 때문이다. 그런 이유로 참 아이러니하게도 가난이 비만을 가져온다.

우리 중 다수는 TV에서 광고하는 패스트푸드를 자주 소비한다. 그러나 해당 제품을 광고하는 기업 오너는 그런 정크푸드를 먹지 않는다. 대신 영양가 많은 단백질 육류나 유기농 샐러드를 섭취하며 건강하고 풍요로운 노후를 준비하고 있을 것이다.

이것은 소득의 차이가 건강의 차이도 가져온다는 불편한 진실을 깨우치게 한다. 한국건강형평성학회의 '2018년 국내 전국 시군구 건강수명지도' 자료에 따르면 기대수명 상위 지역에 과천, 분당, 강남, 서초, 용산이 해당한다. 이들 지역은 자산 및 소득 상위 지역과도 일치한다는 점에 주목할 필요가 있다. 반면 다른 한쪽에서는 정크푸드를 섭취하며 살아가고 그 청구서를 노후 병상에서 받아 대금을 지불하고 있다. 그리고 그 비용 때문에 자신이나 가족들에게 경제적 타격을 주며 빈곤의 길로 들어선다.

현대 사회에는 가난과 기아로 숨지는 사람보다 비만과 고혈압, 성인병으로 숨지는 사람이 더 많다는 이야기가 있다. 우리는 그 어느 때보다 풍요로운 사회에 살고 있지만, 미디어와 시장의 명령을 곧이곧

대로 따르며 미래의 '풍요'보다 미래의 '가난'을 소비하고 있는 것은 아닐까?

지금 가난을 구매하고 있습니까?

과거 중세 시대에는 귀족이 사치스럽고 소작농이 검소했다면, 현대에는 그 반대 양상이 보인다. 현대의 부자는 자산과 투자물을 조심스럽게 관리하려고 노력하는데, 부자가 아닌 사람들은 빚을 내서 필수품이 아닌 자동차와 TV를 사는 것이다.

한국은 전 세계 벤츠 총 판매량 5위, 그중 프리미엄 세단인 S클래스 판매량 3위 국가이다(2017년 벤츠코리아 발표). 인구 수 대비 판매량은 압도적 1위다. 벤츠의 원산지인 독일 국민보다 프리미엄 벤츠를 더 많이 타고 다닌다고 할 수 있다.

그러나 그 이면에 있는 노인 빈곤율 OECD 1위라는 타이틀을 잊어서는 안 된다. 인구 대비 프리미엄 수입차 구매량 1위와 노인 빈곤율 1위를 동시에 달성하는 나라, 이것이 현실이다.

그러므로 우리가 노후에 가난하지 않고 건강하게 살기 위해 지금 놓치고 있는 것은 무엇인지 고민해야 한다. 나는 투자형 인간인가, 소비형 인간인가? 내 자녀들에게 어떤 소비 습관을 가르쳐줄 것인가? 세상이 말하는 머스트 해브 아이템을 사는 것보다, 세상이 말하지 않는 진정한 가치를 찾으려 노력해야 한다.

우리의 자본은
얼마나 성숙했는가?

　대한민국 가구당 월 평균 소득은 얼마 정도일까? 통계청 조사 결과, 2020년 3분기 기준 월 530만 원 수준으로 나타났다. 이것은 전년 동기 대비 1.6% 오른 수치다. 코로나19로 항공, 여행, 외식, 패션 등 산업에 타격이 심해지면서 경제에 기저 질환이 생길 정도였는데, 왜 가구 평균 소득은 늘어났을까?

　가계의 소득 구성을 살펴보면, 근로·사업소득은 각각 1.1%, 1.0%씩 감소했지만 재산소득은 18.5% 증가한 것으로 나타났다(재산소득에는 임대, 이자, 배당소득이 해당한다). 결과적으로 노동소득(근로·사업소득)은 감소하였고, 자본소득은 증가한 것이다.

　가구당 월 평균 지출은 389만 원으로 전년 동기 대비 2.2% 감소한 것으로 나타났다. 정부는 저성장에 대응하기 위해 저금리로 돈을 시중에 뿌렸지만, 사람들은 오히려 지갑을 닫고 투자를 늘린 것이다. 이는 3저현상(저성장, 저금리, 저물가) 속에서 자본이 주식, 부동산 등 금융·

　　　　　　　　　　　　　　　　　　　　　　　　　자본 체력

자산물로 흘러갔기 때문이다.

결론적으로 실질적인 성장이 없는 상황에 저금리, 유동성으로 풀린 자본이 금융·부동산 시장으로 유입하여 금융·자산 가치의 상승을 가져왔다. 이런 상황에서 근로소득에만 집중했던 사람들은 '낙오(낙동강 오리알)'하게 되었다. 사실 그전까지는 근로소득만으로 성공할 수 있다고 믿으며 살아온 사람이 많았다. 물론 아직도 그렇게 믿고 있는 사람도 많다.

일하는 것만으로 평생 먹고살 수 있을까

근로소득만으로 성공할 확률은 과연 얼마나 될까? 결론부터 말하자면 평균 1% 미만이다. 헤드헌팅 전문기업 유니코써치가 2020년 100대 기업을 대상으로 시행한 조사 결과에 따르면, 대기업에 들어가서 임원이 될 확률은 평균 0.7% 수준이다.

그리고 그 0.7%의 임원이 되기 위해 야근과 강요된 술자리, 대인관계 관리 등으로 누구에게나 소중한 삶의 가치인 가족, 사랑, 건강, 시간의 희생을 겪을 수밖에 없다.

물론 자신의 역량과 재능이 뛰어나다면 임원이 되어 근로소득으로 부를 창출하는 전략이 더 합리적이고 효과적이다. 야근 안 하고 술자리 덜 갖고 대인관계 신경 안 써도 임원이 될 수 있는 본질적 역량을 가진 사람들 말이다. 만약 본인이 이 경우에 해당한다면, 근로소득으로 승부를 봐야 한다. 하지만 현재 임원이나 경영진이 된 1%의 사람

중에 과연 얼마나 이 경우에 해당할까?

지금 이 글이 노동소득은 필요 없고 자본·금융소득만을 지향해야 한다고 주장하는 것처럼 보인다면 오해라고 말하고 싶다. 앞서 설명한 대로 역량을 발휘해 근로·사업소득을 늘리며 성장하는 사람들도 있다. 그리고 그런 삶이 잘못된 것도 당연히 아니다. 다만, 우리 사회는 노동소득에 비해 자본소득에 너무 무관심하기 때문에 이해하고 활용할 필요가 있다고 말하는 것이다.

즉, 노동, 조직을 경시하는 게 아니라 노동, 조직에 올인하지 말자는 뜻이다. 그리고 자본소득을 지금보다 늘려가자는 뜻이다.

'성장'했지만 '성숙'하진 않았다

우리는 그 어느 나라보다 고도 압축성장을 이뤘다. 전 세계에서 한국만큼 단기간에 경제성장을 이룬 나라는 없다. 특히 1988년 서울 올림픽 개최는 당시 젊은이들에게 '우리도 할 수 있다'라는 자긍심을 심어주기에 충분했다. 그리고 30년 후 그 젊은이들의 노력에 보답이라도 하듯 평창의 밤하늘엔 첨단 기술이 융합된 드론이 오륜 모양으로 반짝였다.

이처럼 경제가 성장한 만큼 자본 시장도 성숙했다면 좋았겠지만, 현실은 그 반대이다. 스위스 국제경영개발대학원IMD의 회계 감사 실무적정성 순위를 보면, 우리나라는 세계 63개국 중 46위에 랭크되어 있다. 경제는 세계 10위권 이내로 진입했지만, 자본의 투명성은 46위인 셈이다.

자본 시장의 꽃이라고 불리우는 주식 시장을 보자. 우리 증권 시장은 과연 건전한가? 한국거래소가 출범한 이후 증권 시장은 여전히 늑장공시, 분식 회계, 배임, 횡령, 부당 거래 등 각종 금융과 회계 범죄로 몸살을 앓고 있다.

그렇다면 금융 시장은 어떤가? 우리는 2019년 'DLF·DLS사태'를 통해 그 답을 찾을 수 있다. 해외 금리 연계형 파생결합펀드인 이 상품은 당시 8,000억 원에 달하는 투자금을 유치했으며, 3,800여 명의 개인 투자자가 평균 2억 원에 달하는 자본을 투자했다. 이들 대부분은 이 상품이 고위험 상품일 것이라 생각하지 못했고, 안내받지도 못했다. 결국 글로벌 금융 환경이 불안해지면서 독일과 영국 금리가 하락했고, 투자자들은 최대 95%가 넘는 손실을 떠안게 되어 사회적 공분을 사며 공론화되었다. 전형적인 후진적 금융 시스템이 낳은 사태라고 볼 수 있다.

부동산 시장에는 25회 넘는 과도한 규제가 남발되면서 전국이 불장으로 되어버렸고, 애먼 실수요자와 서민들만 '내 집 마련' 문제로 고통받고 있다. 그러나 이것을 만든 장본인인 일부 정치인과 재벌들은 금융 사기꾼이 아니라 '금융사범'이라는 포장지로 죗값을 치르지 않고 여전히 득세하고 있다.

왜 이런 일들이 벌어졌을까? "열심히 일한 당신, 떠나라"라는 카드사 광고를 기억하는가? 우리는 여태껏 정말 열심히 일했다. 그렇다. 열심히 '일한 덕분에' 세계 10위권의 경제성장을 이루었다. 그러나 열심히 '일만 한 덕분에' 그에 맞는 자본성숙은 이루지 못했다. 금융 이해력 143개국 중 77위라는 타이틀이 이를 방증한다.

그렇다면 자본성숙을 위해 우리가 실천해야 하는 일은 무엇일까? 나는 그 첫 단추가 자본 교육과 금융·자산소득의 확대라고 생각한다. 우리가 사는 곳은 결국 자본주의 사회이기 때문이다. 국민 개개인의 자본에 대한 이해도가 높아지면, 눈과 귀를 막고 있었던 공권력, 기득권의 기만과 저의를 보다 쉽게 파악할 수 있을 것이다. 또한 앞의 사태와 같이 대규모 후진적 금융 사건에 휘말릴 가능성도 낮아질 것이다.

물론 개인의 자본소득이 늘어난다고 앞서 말한 문제들이 모두 해결되진 않는다. 하지만 반대로 자본소득 없이 노동소득만 강조하며 살아간다면 미래 세대에게도 후진형 자본 금융 시스템을 물려줄 수밖에 없다. 우리 사회는 여전히 관치경제, 친소주의, 퇴행적 시장 질서, 소수 재벌의 시장 지배에 놓여 있다. 여기서 과연 얼마나 나아지고 있느냐는 질문에는 아무도 선뜻 대답하지 못할 것이다.

우리 사회는 성장했을지 모르지만 여전히 성숙하지 못했다. 이제 국민소득 3만 달러의 성장을 넘어 그에 맞는 금융성숙, 자본성숙이 뒤따라야 한다. 노동으로 돈을 버는 것도 중요하지만 돈을 이해하고 관리할 수 있어야 한다. 그것이 자본성숙으로 가는 길이라고 생각한다. 우리뿐만 아니라 우리 미래의 세대를 위해, 더욱 자본성숙이 필요한 때이다.

버는 만큼 지키면서
불리고 있는가?

돈이라는 게 버는 것만이 능사가 아니다. 버는 만큼 쓰면 사실 번다고 할 수 없다. 그러므로 쓰는 것도 굉장히 중요하다. 더 나아가 지키고 불리는 능력도 필요하다. 그런데도 많은 사람들이 돈과 자본이 어떻게 들어오고 나가는지 경시하는 경향이 있다. 오로지 버는 일에만 집중할 뿐이다.

내 돈을 지키는 첫걸음

젊은 시절 S전자 IM(무선사업부)조직에서 근무한 지인은 PS(성과급)를 수천만 원 지급받아 주변의 부러움을 샀던 적이 있다. 지인의 동기 몇 명은 신차를 계약했다고 할 정도니 성과급의 규모에 놀라고, 심지어 할부 없이 신차를 계약한다는 사실에 또 놀랐던 기억이 생생하다.

그런데 S전자의 기본급은 다른 대기업에 비해 높지 않은 편이다. 외부에서 보는 S전자의 높은 연봉은 성과급을 포함하여 책정한 금액을 기준으로 하는 것이다. 따라서 성과급을 포함한 연봉으로 계산해보면 다른 상위 10대 기업의 동일 직급 대비 연봉과 크게 차이가 안난다. 결국 성과급이 연봉에 포함된다고 생각하면 다른 대기업 직원의 급여와 큰 차이가 없는데, 성과급을 일시급으로 받아 신차를 계약한 것이다(물론 하나의 사례일 뿐이고 그 기업의 수많은 직원들이 현명하게 자산을 관리한다).

이렇듯 나를 비롯해 많은 사람들이 자신의 소비가 합리적이고 이성적이라고 생각하지만, 실제로는 비합리적이고 감정적인 결정을 할 때가 더러 있다. 예를 들어 극장에서 영화를 보다가 재미없으면 중간에라도 빠르게 나오는 게 경제적 손실을 피하는 방법이다. 끝까지 남아서 재미없는 영화를 보는 것은 내 소중한 시간을 버리는 일이기 때문이다. 그런데 대부분의 사람은 돈이 아까워서 끝까지 재미없는 영화를 보고 만다(시간은 경제학적으로 '자산'이다. 이 부분은 뒤에서 더 자세히 설명하겠다).

주식도 마찬가지다. 잘못된 판단으로 손실을 보고 있다면 빨리 손절하고 나와야 한다. 하지만 대부분은 그런 판단을 하지 못한다. 그동안 잃은 돈이, 기다린 시간이 아쉬워 손실을 더 키운다. 이와 같은 일들을 전문용어로 '매몰비용의 오류'라고 한다. 사람들은 이렇듯 때로는 감정적이며 비합리적인 선택을 하곤 한다.

그래서 경제·금융 공부가 필요하다. 공부를 통해 실전에서 활용할 수 있도록 자본 체력을 길러야 한다.

필요한 돈 예상하기

우리는 가장 먼저 돈이 어떻게 들어오고 나가는지 파이프라인 관리를 해야 한다. 이 말은 내가 직접 자본을 틀고 잠글 수 있는 능력을 갖추어야 한다는 얘기다. 그런데 그런 교육과 역량을 늘릴 시간도 없이 대부분 일만 열심히 하며 살고 있다. 그렇게 일만 열심히 해서는 잠재적 가난 상태에서 벗어날 수 없다.

노후에 여유로운 삶을 살기 위해서는 내가 조금이라도 몸이 성할 때 벌어들인 근로소득을 빠르게 '자본소득화'해야 한다. 지금 1억 원을 벌어들인다고 해서 평생 그 돈을 버는 것은 아니기 때문이다. 퇴직을 하거나 몸이 아파서 더 이상 노동을 할 수 없는 상황이 되더라도 가급적 지속적으로 돈이 들어올 수 있는 구조를 만들어놓아야 한다.

예를 들어 내가 사는 데 필요한 고정 지출이 연 4,000만 원이고, 내가 가진 돈에서 단순 예금·펀드 조합으로 연 2%의 부수적 수익을 낸다고 가정하면, 은퇴할 때 20억 원의 현금 자산이 필요하다.

그렇다면 현금 자산 20억 원을 은퇴 전에 어떻게 만들지 미리 고민해야 한다(연금은 추가분으로 생각한다). 이렇게 목표가 생기면 지금 내가 벌어들인 수입을 허투루 쓰지 않게 된다. 경험상 오히려 경제에 더 관심을 갖고 실전에 투자하며 경험을 쌓는다.

자녀가 있다면 미리 통장을 쪼개 자녀 교육비를 준비해 보자. 자녀 교육비 목적으로 주식, 펀드 등에 미리 투자해서 묻어 두는 사람들은 자산이 교육에 집중 투입될 시기에 상대적으로 여유롭게 지출한다.

노후 준비도 마찬가지다. 누구는 20억 만들기가 쉽냐고 묻지만 나는 "부자는 천천히 된다"는 말을 믿는다. 지금부터 준비하면 그 시기가 언제든간에 자산가가 될 수 있다. 그리고 그다음으로 믿는 것이 바로 '실천'과 '실행'이다.

Now or never(지금 아니면 안 된다).

머뭇거릴 시간이 없다.
지금 당장 자리를 박차고 일어나 실천해야 한다.

잠재적 풍요를 위한 길

주식 시장에선 '동학개미운동'이라는 말이 한때 유행했다. 그런데 개인적으로는 동학개미운동보다 동학자본운동을 한다면 좋겠다. 동학이라는 역사적 사건까지 소환하며 혁명의 의지를 담자는 거대 담론은 아니지만 우리 삶을 더욱 주체적으로 살기 위한 첫 단추가 될 것 같아서다.

내 수입은 언제까지 지속될 것으로 예상하는가?
나의 고정 지출에서 불필요한 것은 무엇인가?
노후에 나의 연금 예상액은 어느 정도인가?
부족한 노후 자금은 어떻게 확보할 것인가?
노동을 하지 못할 때 어떻게 수입을 발생시킬까?

그 수입을 만들기 위한 구체적 계획은?

자녀 교육비는 언제부터 준비해둘 것인가?

자녀 증여 계획은 구체적으로 가지고 있는가?

이러한 질문에 '예스'를 외쳤다면 적어도 잠재적 가난에서 벗어날 준비가 되어 있다고 생각된다. 아니, 오히려 풍요로운 삶을 살 가능성이 더욱 높아질 것이다.

웰빙well being(잘 삶)에서 웰에이징well aging(잘 늙음)을 넘어 웰다잉well dying(건강하게 잘 죽음)하기 위해 지금부터 '잠재적 빈곤'이 아닌 '잠재적 풍요'를 준비하길 바란다.

자산을 효과적으로 굴리는
순서를 아는가?

잠재적 빈곤이 아닌 확실한 풍요를 얻기 위해 반드시 알아야 할 것이 있다. 바로 자산 굴리는 순서다. 많은 사람들이 미래 자산을 만들기 위해 가장 먼저 시작하는 것이 있으니, 바로 '주식투자'다. 소자본으로 가능하고 접근성도 좋기 때문이다. 하지만 주식투자를 하기 전에, 근로·사업소득으로 만든 시드머니(종잣돈)를 자본소득화하기 위해서 선행되어야 할 일이 있다.

자산 굴리기 첫 번째 : 안전판 만들기와 레버리지 활용하기

대다수는 예·적금을 통해 시드머니를 만든 후 다음과 같은 순서로 재테크를 하고 있다.

주식 → 부동산 → 연금

하지만 나는 역순으로 준비하는 것이 더 효과적이라고 생각한다.

연금 → 부동산 → 주식

연금을 제일 먼저 넣어야 하는 이유는 젊어서 시작할수록, 즉 더 오랫동안 납부할수록 노후 보장금액과 기간이 늘어나기 때문이다. 연금에 돈을 넣으면 투자를 위한 시드머니는 어떻게 만드냐고 반문할지도 모른다. 그런 분들에게 나는 이렇게 답변한다.

"쓸데없는 지출을 관리하고 절약해서 시드머니를 만드세요. 그렇게 해도 부족하면 대출을 활용하면 됩니다."

일반적으로 '부채'는 갚아야 할 '빚'이다. 반면 경제학적으로 '부채'는 '빚'이 아니라 '자산'이고 '신용'이다. 우리는 일반적인 생각을 버리고, 경제학적인 사고를 키워야 한다.

대다수의 경우 취직이나 사업을 시작하면서 본격적인 근로·사업소득이 발생한다. 그러면 자연스레 예·적금을 통해 시드머니를 모은다. 하지만 우리에게 일정한 근로·사업소득이 생기면 또 하나의 자산이 생기는데 이것이 바로 '신용'이다.

신용은 내 미래 자산을 당겨 쓸 수 있는 기회를 우리에게 제공한다. 몸 담은 기업과 사업 규모가 클수록, 그리고 소득이 일정하게 지속될수록 자산을 당겨 쓸 수 있는 기회는 더 커진다. 그렇기 때문에 예·적금으로 시드머니를 모으되, 자신의 신용자산을 최대한 활용해 자본을 굴릴 준비를 해야 한다.

이때 '그럼 신용대출을 잔뜩 받으라는 소리냐'라고 반문하는 분도 있겠다. 물론 미리 당겨 받은 소중한 자산을 위험한 곳에 투자하라는 얘기가 절대 아니다. 기본적으로 연금에 먼저 투자하면서 가급적 실거주 부동산을 먼저 마련할 것을 추천한다.

자산 굴리기 두 번째 : 실거주 부동산 마련

자본은 결국 땅으로 갈 확률이 높다. 따라서 장기적으로 생각했을 때 실거주 집 한 채를 빠르게 매입해 놓으면 재테크 면에서 합리적이고 효과적이다. 부동산 실거주 한 채는 투자 목적도 있지만 그보다 거주 안전성이라는 큰 가치를 제공한다. 또한 부동산은 집을 담보로 대출 받기 때문에 나의 신용보다 더 큰 규모의 레버리지 효과(대출 등 타인의 자본을 이용해 이익을 상승시키는 효과)를 활용할 수 있다는 장점도 있다.

다만, 여기서 반드시 주의할 점이 있다. 무작정 처음부터 대출을 크게 받는 게 능사가 아니다. 나의 대출 상환능력이나 재정 상태, 재무건전성을 판단하지 않고 무작정 대출을 시도한다면, 그건 '레버리지'가 아니라 말 그대로 '빚'이 된다. 대출을 레버리지로 활용할 때는 다음 사항을 반드시 고려하자.

1. 레버리지 목적

대출의 목적이 무엇이고, 기간 안에 어떤 목표를 달성할 것인가?

2. 레버리지 운용

국채, 금리 등을 고려한 대출 운용 계획이 명확한가? (상환 기간, 고정·
변동 금리 등에 따른 투자 계획)

3. 리스크 관리

금리인상 등 외부 변수에 따른 나의 대출 상환능력은 어느 정도인가?

위의 사항을 철저하게 검증해야 위기 상황에서 플랜B, 플랜C, 플
랜D로 출구 전략을 모색할 수 있다. 레버리지는 자본을 불리기 위한
공격적인 투자 전략이고, 공격적이라는 말은 그만큼 위험에 노출된다
는 뜻이다. 따라서 레버리지 전략으로 공격적인 재테크를 추구하되,
무엇보다 잃지 않는다는 마음가짐으로 출구 전략과 계획도 함께 마련
해야 한다. 나 역시 레버리지를 크게 일으킬 때마다 출구 전략으로 플
랜A, B, C를 모두 설정해 놓고 대출을 실행한다.

자산 굴리기 세 번째 : 주식 및 위험자산 투자

경제활동을 시작하는 시점에서 연금 계획으로 노후소득을 마련해 놓
고, 부동산 실거주 한 채로 거주 안전성을 확보했으면, 본격적으로 위

험자산 포트폴리오를 구성해야 한다.

바로 주식투자다. 자본이 많은 사람은 돈을 지키는 방향으로 전략을 짜지만 자본이 부족한 사람은 공격적으로 돈을 불리는 전략이 효과적이라고 판단하기 때문이다.

연금과 부동산은 노후와 거주라는 기본에 근거한 안전자산 포트폴리오다. 이것을 먼저 만들어놓으면, 위험자산도 더욱 공격적으로 투자할 수 있게 된다. 안전자산이 든든하게 받쳐주기 때문이다. 그러므로 주식투자를 먼저 하는 것보다 연금과 부동산(실거주)이라는 안전판을 마련한 후에 주식과 같은 위험자산에 투자하는 것이 합리적이다.

이는 물론 투자가 익숙해지면 개인의 투자 성향과 시장 상황에 따라 달리 적용할 수 있을 것이다. 이렇게 자산 굴리기에 안착했다면, 그다음부터는 자신의 투자 성향에 맞게 포트폴리오를 구성하면 된다.

지금까지 함께 자본 체력을 기르기 위한 질문 6가지와 그 답을 살펴보았다. 나의 경제적 생애 주기를 추측하고, 노후에 가난해지지 않기 위한 방법을 생각하고, 스스로 투자형 인간인지 아니면 소비형 인간인지 판단하고, 돈을 버는 것만큼 중요한 지키고 불리는 방법과 그 순서를 알아보았다. 다음 장에서는 자본 체력의 근간이라 할 수 있는 '집(부동산)'에 대해 본격적으로 살펴보자.

TIP 노후 준비를 위한 연금 100% 활용법

은퇴가 먼 미래로만 느껴지는가? 그래서 그런지 '연금도 나중에 준비하지 뭐'라고 생각하는 사람이 의외로 많다. 그러나 개인적으로 연금은 취업하자마자 준비해야 한다고 생각한다.

그런 의미에서 연금으로 노후를 준비하는 데 도움이 될 만한 내용을 정리했다. 아래 내용은 연금의 모든 사항을 다루기보다 꼭 필요한 기초 상식과 팁 중심으로 정리되었으며, 내용이 복잡하게 느껴진다면 강조 표시된 부분만 읽어도 좋다.

연금이란 무엇일까?

노년에 소득이 사라질 위험에 대비하기 위해 소득 일부를 일정 기간 꾸준히 납부하여 은퇴 이후 소득이 줄어들거나 사라졌을 때 지급받는 급여

대표적인 연금의 종류

· 국민연금 : 나라가 해주는 것(공무원, 군인 등 특수직은 별도 연금)
· 퇴직연금 : 직장이 해주는 것
· 개인연금 : 개인이 만드는 것

국민연금

국민연금 급여에는 세 가지 종류가 있다.

· 노령연금 : 노후 소득 보장을 위한 급여
· 장애연금 : 장애로 인한 소득 감소에 대비한 급여
· 유족연금 : 가입자·수급권자의 사망으로 인한 유족의 생계 보호를 위한 급여

일반적으로 사람들이 생각하는 국민연금은 '노령연금'(이하 국민연금으로 통일)이다. 다음은 국민연금에 대해 자주 묻는 사항을 알아보자.

Q. 국민연금은 언제부터 수령 가능한가요?

A. 출생 연도에 따라 시작 연령이 다르므로 아래 표를 참고하자.

국민연금 수급 시작 연령	
출생 연도	시작 연령
1953~1956	만 61세
1957~1960	만 62세
1961~1964	만 63세
1965~1968	만 64세
1969~	만 65세

Q. 국민연금은 미리 수령 가능한가요?

A. 가능하다. 일반적으로 만 65세 수령 시 65세 전후 ±5년 조기수령 및 연기 수령이 가능하다.

Q. 국민연금을 미리 받거나 연기하면 손실 혹은 이익이 있을까요?

A. 조기수령 시 연 6% 지급률 감소(최대 5년)

연기수령 시 연 7.2% 지급률 증가(최대 5년)

다음 표를 참고하면, 1969년 이후 출생자가 65세에 월 80만 원 수령하는 기준 (지급률 100%)으로 했을 때 60세에 수령하면(5년 조기수령) 월 56만 원(지급률 70%), 70세에 수령하면(5년 연기수령) 월 108만 원(지급률 136%)이다.

출생연도	시작 연령
1953~1956년	만 61세
1957~1960년	만 62세
1961~1964년	만 63세
1965~1968년	만 64세
1969년	만 65세

6% 하락

수령 적령기

7.2% 증가

연령	지급률	수령액
60세	70%	56만 원
61세	76%	60만 8,000원
62세	82%	65만 6,000원
63세	88%	70만 4,000원
64세	94%	75만 2,000원
65세	100%	80만 원
66세	107.2%	85만 7,000원
67세	114.4%	91만 5,000원
68세	121.6%	97만 2,000원
69세	128.8%	103만 원
70세	136%	108만 8,000원

Q. 빨리 받는 게 유리한가요? 늦게 받는 게 유리한가요?

A. 사람마다 다르다.

– 건강한 사람은 늦게 받는 게 대체적으로 유리

– 건강이 염려되거나 소득의 공백이 있으면 빨리 받는 게 유리

– 본인이 이 시기에 사업소득이 크게 발생하고 있다면 연기수령이 유리

※ [중요] 위 사항은 국민연금 사이트에서 60세 전에 신청해야만 해당함

Q. 사업소득이 있으면 국민연금을 못 받나요?

A. 받을 수 있다. 다만 수급연도로부터 최대 5년간 감액해서 받는다.

국민연금 전체 가입자 평균 소득(3년간)을 '근로·사업소득'이 초과할 경우 소득
월액에 따라서 차등 감액한다. 예를 들어, 자신이 연금 수령 시기에 국민연금 전
체 가입자 월 평균 소득이 250만 원인데, 자신의 사업소득이 400만 원 발생할
경우, [전체 가입자 소득 250만 원 – 사업소득 400만 원 = 150만 원 초과 소득
발생]으로 150만 원 초과분의 10%(15만 원)를 감액해서 연금을 수령하게 된다.

국민연금 수령 시기에 사업소득이 생기면?

국민연금 전체 가입자 평균 소득 초과 시 소득 월액에 따라 차등 감액
(최대 5년까지 감액, 이후 더 이상 감액되지 않음)

2021년 현재 국민연금 가입자의 평균 월 소득액이
254만 원일 경우, 이를 초과할 시 아래와 같이 감액

초과 소득 월액	노령연금 지급 감액분	월 감액 금액
100만 원 미만	초과 소득 월액의 5%	0~5만 원
100만 원 이상~200만 원 미만	100만 원 초과 소득 월액 10%	5~15만 원
200만 원 이상~300만 원 미만	120만 원 초과 소득 월액 15%	15~30만 원
300만 원 이상~400만 원 미만	100만 원 초과 소득 월액 20%	30~50만 원
400만 원 이상	100만 원 초과 소득 월액 25%	50만 원 이상

보통의 경우 사업소득이 많이 발생할 경우 수령을 연기하는 게 유리할 수 있다.
연기하는 동안 사업소득을 챙기면서도 감액을 받지 않고, 5년 뒤 최대 136%까
지 연금을 더 받을 수 있기 때문이다.

퇴직연금

퇴직연금은 대표적으로 DB형, DC형, IRP가 있다.

DB형(Defined Benefit) – 확정급여형

가장 일반적인 퇴직금 형태라고 보면 된다. 급여와 근속연수에 따라 퇴직금이 계산되어 지급되는 것이 특징이다. 예를 들어 근속 20년을 근무하고 퇴직하는 직원이 있을 때, 그 직원의 퇴직 직전 3개월 급여 평균이 500만 원 수준이라면, 퇴직금은 1억 원이 된다.

(퇴직금 = 직전 3개월 급여 평균 × 근속연수)

DC형(Defined Contribution) – 확정기여형

회사가 연 임금액의 12분의 1을 DC계좌에 입금하고, 내가 선택한 금융상품의 수익률에 따라 퇴직금이 변동하는 제도. 즉, 근로자가 퇴직금 일부의 자산운용 책임을 지고, 기금의 운용은 사외의 연금 사업자에게 위탁한다.

(퇴직금 = 회사 부담금 + 운용수익 or 손실)

IRP(Individual Retirement Pension) – 개인형 퇴직연금

DC형과 유사한 형태로 운용수익률에 따라 퇴직금이 변동된다. DC형과 다른 점은 12% 세액공제 혜택이 주어진다는 것이다. 개인연금을 포함한 연 최대 700만 원(지방세 포함 13.2%)까지 세액 공제가 된다.

퇴직금을 일시금이 아닌 연금 형태로 돌릴 계획이라면, DB, DC, IRP 중 자신의 상황과 재테크 성향에 맞춰 선택하면 된다. 전문가들은 급여가 일정하다면 DB형이 유리하고, 급여가 불규칙하거나 성과 연동이면 DC형이 유리하다고 말한다. IRP는 운용수익 연동 대신 세제 혜택이 높으니 참고하자.

개인연금

개인연금의 종류에는 크게 두 가지가 있다.

- 연금저축 : IRP와 동일하게 13.2% 세액공제 가능
- 연금보험 : 추후 연금 수령 시 세제 혜택 제공

그리고 수령 기간에 따라 확정기간형(10년/20년/30년)과 종신형(국민연금처럼 죽을 때까지)으로 나뉜다.

※ 개인연금에는 확정기간형 상품이 많지만, 종신형이 안정적이다.

개인연금은 얼마나 받을까?

방법에 따라 차이는 있겠지만 목돈 1억 원을 현금화해서 평생소득화한다면 다음과 같다.

- 10년 확정 기간형 : 90만 원(월)
- 20년 확정 기간형 : 50만 원(월)
- 종신형 : 30만 원(월)

[참고] 내 연금 수령액은 어디서 확인 가능할까?

- 내 연금 조회 사이트 : www.nps.or.kr

  국민연금 → 내 연금(노후준비) → 내 연금 알아보기
- 통합연금포털 : 100lifeplan.fss.or.kr

2

부동산
공화국에서
살아남기

부동산이 불로소득이라는
당신에게

'안전한 자산'의 의미

A는 빚이 1,800만 원, B는 빚이 1억 8,000만 원이다. B는 A보다 10배 빚이 더 많다. 누가 더 안전한 자산을 가졌을까? 대부분 A라고 생각하지만, 사실은 B가 더 안전할 가능성이 높다.

대다수 사람들은 부채가 많으면 위험할 것이라 판단한다. 하지만 금융·자본 세계에서는 다른 결론이 기다린다. 신용도가 높다는 말은 대출 상환능력이 높다는 뜻이다. 금융기관 입장에서는 이런 '능력' 있는 개인에게 더 많은 대출을 해주어 더 많은 이자소득을 '안전하게' 확보할 수 있다.

일례로 한때 대기업 직장인은 연소득의 약 200%까지 대출이 가능했고, 의사 등 고소득 전문직은 최대 2~3억 원의 대출이 가능했다. (대출 규제는 변동되므로 수치는 참고만 하자.) 은행에서 해당 직업이면 그 정도 대출 상환이 가능하다고 판단한 것이다.

실제로 처음의 사례는 통계청에서 시행한 '2020년 가계금융복지조사' 결과에서 가져왔다. A의 1,800만 원은 소득 하위 20%의 평균 부채이고(1분위) B의 1억 8,000만 원은 소득 상위 20%의 평균 부채이다(5분위).

왜 소득 상위층이 대출을 받는 걸까?

부동산 가격 상승으로 인해 아무리 소득이 높아도 현재 자산만으로 집을 사기 어려워졌기 때문이다. 소득이 부동산 상승률을 따라가지 못하니 대출을 받아 집을 사려는 전문직 종사자를 주변에서도 종종 목격할 수 있다.

언론에서는 '영끌(영혼까지 끌어모으기)'이 주로 서민들이 자본이 부족할 때 하는 행위처럼 묘사하지만, 사실 '영끌'의 대부분은 소득이 높은 중산층이 했다고 보는 게 맞을 것이다. 영혼까지 끌어모아 대출을 일으킨 게 아니라 영혼까지 끌어모아 계층 사다리를 올라타려고 하는 것이다. 지금 대한민국 중산층은 그 누구보다 치열하다. 이들에게는 '영끌'이 빚이 아니라 기회였을 것이다.

빚과 부채의 차이

많은 사람들은 대출을 '빚'으로 간주하고 겁낸다. 20여 년 전 IMF 외환위기를 경험한 탓이다. 이 시절엔 대한민국 상위 30대 기업 중 절반이 넘는 16개 기업이 부채로 쓰러졌다. 가계도 마찬가지다. 따라서 빚이라는 단어에는 부정적 이미지가 있다. 빚과 연관된 단어만 봐도 그렇다. 빚더미, 빚 독촉, 빚투(빚내서 투자) 등 여러 부정어와 함께 어울려 사용된다. 빚이란 단어는 금융 분야 외에서도 '마음의 빚'과 같이 여러모로 '갚아야 하는 것'의 의미에만 초점이 맞춰져 있다.

반면 '부채'는 금융 언어다. 갚아야 할 재화나 용역인 동시에 자산으로 묶인다는 뜻이다. 회계상으로는 '타인자본'을 가리킨다. 그리고 재무제표에서는 '내 자산'으로 표시된다. 순자산 30억 원에 부채 20억 원이면, 나의 총자산은 50억 원이 된다. 다시 해석하면, 타인자본을 가지고 내 자산으로 표시하는 언어가 바로 '부채'인 것이다. 그리고 그 타인자본을 가져올 때는 돈을 갚을 수 있는 능력인 '신용'이 뒷받침되어야 한다. 결론적으로, 부채는 나의 '신용능력'을 가지고 타인의 '자본'을 레버리지(지렛대)로 끌어다 쓰는 나의 '신용자산'인 것이다.

대기업 혹은 전문직 종사자들은 은행 입장에서 이러한 신용자산을 끌어다 쓸 권리를 가진 사람들이다. 따라서 중산층에게 부채는 더 이상 빚이 아니다. 그들에게 부채는 권리이자 능력이 된다. 담보대출을 규제하고 신용대출을 막는 정부를 향해 중산층이 분개하는 이유다.

근로소득은 과연 공정할까?

그렇다면 2021년 현 정부는 왜 이들의 권리를 부정할까? 중산층의 권리가 정부의 입장에서 공공의 이익에 반한다고 판단해서이다. 이들이 일으킨 대출 레버리지가 자산의 가격 상승을 부채질하고, 부동산으로 이익을 보는 계층과 피해를 입는 계층이 존재한다고 믿기 때문이다. 이 논리의 중심에는 부동산을 불로소득으로 바라보는 시각이 굳건하다. 부동산으로 얻은 자본 상승과 재산 증식을 노력이 들어가지 않은 '불로소득'으로 간주하고 이를 철저히 통제하는 것이다. 그들의 입장에선 자본이 자본을 버는 행위는 공정한 게임이 아니다. 자, 그렇다면 무엇이 공정한 게임인가?

과연 근로소득이 공정한 게임일까? 근로소득은 노동을 통해서 벌어들이는 돈이다. 노동으로 번다는 말은 노동의 질과 양에 따라 수익의 편차가 발생한다는 뜻이다. 노동의 질은 '직업'이고, 노동의 양은 '근로 시간'이다. 즉, 다음과 같은 공식이 성립된다.

노동의 질(직업) X 노동의 양(시간) = 근로소득

그런데 이 공식이 과연 공정한가? 현대사에서 자본주의와 민주주의는 양쪽 날개처럼 인류의 진보를 이끌었다. 그리고 이 체제를 지탱하는 근간은 바로 '성과주의'다. 성과주의의 교리는 많은 사람들에게 희망을 주고 열심히 노동자로 일하게 만들었다. "네가 노력하면 노력한 만큼 가져간다"라는 말은 아메리칸 드림을 만들기에 충분했고, 평평한 운동장에서 모두 같은 기회를 가지고 노력한 만큼 얻어갈 수 있을 것이라 믿었다. (적어도 초반에는 그랬다.)

전 미국 대통령 버락 오바마는 "Yes, We can!(할 수 있다)"을 외쳤고,

지구 반대편의 정부는 기회의 평등, 과정의 공정, 결과의 정의를 외쳤다. 하지만 두 나라의 현실은 "We can't!(할 수 없다)"였고, 출발선의 기회 역시 평등하지 않다는 사실을 사람들이 깨닫기 시작했다. 애초에 시작이 평등하지 않기 때문이다. 이 사회는 아름다운 동화처럼 포장되어 있지만, 사실 약육강식의 '내셔널 지오그래픽' 그 자체다.

예전에 유튜브에서 북한의 한 미녀가 중국 관광버스에서 마이크를 잡고 노래하며, 관광객의 비위를 맞추는 영상이 화제가 되었다. 그 영상에서 가장 큰 호응을 얻은 댓글은 "우리나라에서 태어났으면 톱스타급인데, 태어날 때 좌표 잘못 찍고 태어나서 안타깝네요"였다.

근로소득의 근간인 직업, 그리고 직업과 승진의 기회의 기반인 성과주의는 모두 노력과 재능을 기초로 한다. 그런데 만약 내가 지구 반대편 아프리카에서 태어났다면, 그리고 그곳에서 지금과 똑같은 노력을 했다면, 나에게 지금만큼의 연봉을 얻을 똑같은 기회가 주어질까? 아무 좌표나 찍고 태어나도 똑같은 노력을 했을 때 같은 결과가 나와야 성과주의가 공정하다고 말할 수 있는 것이다.

노동의 질인 직업과 직업을 결정하는 성과주의, 그리고 성과주의의 핵심인 노력은 완벽히 공정하다고 볼 수 없다. 아니, 오히려 불공정하다. 시대의 흐름을 잘 탔거나, 좌표 잘 찍고 태어난 게 경쟁 구도 상에서 노력만큼 큰 영향을 끼친다는 것이다.

노동의 양인 시간은 어떤가? 비정규직으로 갈수록 더욱 오래 고되게 일한다. 우리 국민은 독일인보다 근로기준법 기준으로 약 두 달을 더 일한다. 이게 엘리트 관료들이 주장하는 노동소득의 민낯이다. 이들은 불평등과 양극화 문제의 원인을 '노동소득'과 '자산 분배의 불평등'으로만 봤다. 그래서 기업을 향해 방망이를 들고, 일자리를 창출하라며 불호령하고, 세금을 걷어서 공공 일자리만 쏟아내는 것이다.

부모는 자녀의 노동의 질(직업)을 높이기 위해 자본을 굴리는 대신 사교육비로 자신의 가장 찬란한 시절을 희생한다. 사교육비 지출로 등골이 휜다. 자녀가 좀 더 좋은 직업을 갖거나 취직해서 근로소득을 얻도록 하기 위한 마음에서다. 그리고 노후에는 노인 빈곤율 1위 국가의 구성원이 되어 또 한 번 빈곤율에 일조하게 된다.

이것은 노동소득 90%에 육박하는 나라의 이야기다. 노동만을 소득의 원천으로 인정하는 나라의 이야기다. 그러는 동안 상위 그룹의 자본은 더욱 빠르고 커다랗게 굴러가고 있다.

기회는 자본소득에 있다

기회라는 것은 노동소득에만 국한되지 않는다. 자본소득에도 기회가 존재한다. 이 기회의 사다리를 부러트리며, 근로소득만이 공정하다고 외치는 것은 현 시대 젊은 세대의 기회를 박탈하고, 눈과 귀를 막고 재갈을 물리는 것과 다름없다.

오히려 소득의 한 부분에 자본소득이 있다는 사실을 깨우치게 하고, 자본·금융 시장의 건전성을 위해 자본 교육을 장려하고, 근로소득뿐만 아니라 자본소득도 인정해야 그나마 '기회의 평등'과 가까워지지 않을까?

노동소득이 총소득의 90%가 되면 상사나 회사의 부조리에도 눈을 감게 된다. 잘리면 생계가 끝나기 때문이다. 수입의 원천이 직장밖에 없으니 대기업·전문직·공무원만 선호하게 된다. 또한 직장에서의 승진만이 소득의 질을 개선해 줄 수 있다. 그리고 높은 직책에 올라야만 부를 획득할 수 있다고 믿는다. 그래서 이들은 취업이라는 바늘구멍을 뚫었으면서도, 임원이 되기 위해 또 다른 바늘구멍을 비집고 들어가서 경쟁을 해야 한다.

그러나 부모에게서 자본 교육을 받고 자란 자녀는 이미 부의 길목에서 저만치 앞서 가고 있다. 남을 짓밟고 일어서야 하는 전쟁터에 굳이 나가지 않는다. 자신과 가족 그리고 소중한 사람을 돌볼 줄 안다. 무엇보다 여유가 있다. 그럼에도 이들의 자산은 근로소득 90%에 이르는 치열한 경쟁 사회의 그들보다 앞서가고 있다.

많은 고위 관료들이 공정한 출발선과 기회의 평등을 주장한다. 그런데 진정한 출발선 그리고 기회의 평등은 근로소득뿐만 아니라 자본소득이 함께 할 때 그나마 이루어질 것이다. 이미 사회는 저성장 국면으로 진입하여 자본·금융 교육이 그 어느 때보다 중요해졌다. 지금이라도 자본·금융 교육을 장려하고, 재산소득을 불로소득으로 폄하해서는 안 되는 이유다.

사람들이
집에 집착하는 이유

사람들은 왜 집을 열망할까? 결론부터 말하면 집은 필수재이기 때문이다. 부동산 투자를 논하기에 앞서 집이라는 것은 우리가 밥을 먹고, 잠을 자고, 씻고, 휴식을 취하는 공간이다.

언젠가 자가가 없는 분이 주식과 부동산 둘 중 어디에 투자하는 게 낫냐고 물은 적이 있다. 집값이 너무 올라 금세 떨어질까 두렵고, 그래서 부동산보다 주식에 투자하고 부동산 가격이 하락하면 그때 집을 사는 게 낫지 않냐는 것이었다. 그 분에게 이렇게 말씀드렸다.

"무주택자의 경우는 부동산·집을 투자로 접근하면 안 됩니다. 왜냐하면 집은 필수재거든요."

모든 사람에게 실거주 한 채는 자가, 월세, 전세 어떤 형태로든 참여할 수밖에 없는 시장이다. 그러므로 무주택자에게 부동산 시장은 주식과 달리 필수재를 거래하는 시장이라고 할 수 있겠다.

집은 인간의 보편적 욕망이다

사실 집은 욕망 그 자체다. 집은 단순한 '욕심'의 산물이 아니라 인간의 보편적 '욕구'와 관련이 있기 때문이다. 심리학자 매슬로우는 인간의 욕구는 타고난 것이고, 그 중요성에 따라 5단계로 나뉜다고 설파했다. 이게 그 유명한 '매슬로우의 욕구 5단계'이다.

그는 인간의 욕구가 하위 단계에서 상위 단계까지 계층적으로 이루어져 있고, 하위 단계의 욕구가 충족되어야 그다음 단계의 욕구가 발생한다고 말했다. 그렇다면 5단계 중에 집은 몇 단계에 있을까? 현대 사회에서의 '집'은 놀랍게도 대부분의 욕구 단계에 모두 걸쳐 있다.

1. 생리적 욕구 : 주거로서의 '집'

식욕, 휴식, 잠자리 등 의식주에 대한 욕구이며, 집은 주거 공간의 수단으로 인간의 기본적인 욕구에 기반한다.

2. 안전의 욕구 : 안전과 재테크 수단으로서의 '집'

신체적 위험으로부터 안전과 보호를 유지하려는 욕구다. 사람들이 아파트를 선호하는 이유 중 하나는 바로 '안전'일 것이다. 최근에는 안전의 욕구가 곧 경제적 욕구라고도 해석되는데, 안전하게 먹고살기 위한 재테크 수단인 '집' 역시 이 해석을 뒷받침한다.

3. 소속의 욕구 : 소속의 매개로서의 '집'

인간은 사회적 존재이므로 인간에게는 집단에 소속되고 싶은 욕구와 그들에게 받아들여지고 싶은 욕구가 있다. 2018년 강남 4구, 마용성(마포·용산·성동)이라는 말이 인기를 끌고, 지역 맘 커뮤니티가 활성화되는 것을 보면 '집'과 '지역'을 매개로 한 소속 욕구가 존재한다는 점을 확인할 수 있다.

4. 존경의 욕구 : 계층 · 계급으로서의 '집'

인간에게는 소속 단체의 구성원으로 명예나 권력을 누리려는 욕구가 있다. 집단에 소속되고 나면 높은 지위나 신분을 가지려는 욕구가 그것이다. 집(거주지)을 계급화하려는 시도는 '집'을 통해 존경을 얻고자 하는 욕구에서 비롯된다.

이렇듯 집은 거의 모든 영역에 있어서 인간에게 보편적 욕구를 달성하도록 의지를 불어넣고 있다. 요즘은 조물주 위에 건물주가 있다고 하는데, 그냥 웃고 넘길 일이 아니다. 집에는 그만큼 인간의 모든 욕구가 뭉쳐 있다. 인류는 아직까지 그에 따른 부작용에 대한 해결책을 찾지 못하고 있는 것이다.

참고로 서울 강남의 아파트는 생리와 안전의 기본 욕구를 넘어 소속과 존경의 욕구까지 충족시켜주는 수단이 되므로 지금의 높은 가격이 형성되었다. 이러한 현상은 비단 우리나라뿐만 아니라 전 세계 주요 도심과 핵심 지역에서 동일하게 나타나고 있다. 집을 향한 욕망은 인간이라면 보편적으로 느낀다는 것이다.

부동산 공화국에서 안정적인 집값이 가능할까

학창 시절에 배운 '보이지 않는 손'으로만 기억되는 애덤 스미스의《국부론》은 사실 인류사에 혁명적 아이디어를 제공했다. 이전에 많은 사상가가 인간의 욕망과 욕구는 절제해야만 한다고 생각한 것에 반해, 애덤 스미스는 인간의 욕망은 발현되어야 한다고 주장했기 때문이다.

그는 개인의 이익과 영달을 위한 노력이 결국에는 공동체와 국가를 만든다고 판단했다. 이기주의가 곧 이타주의가 되는 아이러니가 자본주의 사회를 나아가게 한다고 믿은 것이다. 그의 혁신적인 사상은 과거에도 그리고 앞으로도 자본주의 사회에서는 대체되기 힘들 것이다.

애덤 스미스처럼 자유시장경제를 추구하는 경제학자들은 정부가 시장에 참여할 때, '보이지 않는 손'처럼 시장의 자율에 맡기되 '작은 정부'로서 필요에 따라 제한적으로 개입해야 한다고 주장한다. 인간의 비틀린 욕망이 엇나가지 않도록 제도를 만들어 정비하고, 가끔 규제를 해서 체제를 악용하는 사례나 부작용을 막는 일이 정부의 역할이라고 보는 것이다.

앞서 살펴봤듯 집에 관한 열망은 인간의 보편적 욕구에 해당한다. 이러한 욕구를 특수한 상황, 즉 투기인 것처럼 정의 내리고 무작정 규제하기보다는 오히려 욕구를 충족시키며 시장 가격을 정상으로 되돌리는 정책(예를 들면 공급 확대)을 펴는 게 정책 관계자의 역할이 아닐지 생각해본다. 이미 알다시피 2017년 이후 집값 안정화 명목으로 시작된 정부의 부동산 규제는 시장의 실수요자와 투기꾼을 구별하지 못한 채 시행되어 안 그래도 비싼 집값을 결국 더 올리고 말았다.

그러므로 집에 대한 욕망을 가진 자들이 투자한 시간과 노력을 보상받도록 정부가 전략적으로 물러서고, 집을 이미 가진 자들이 경쟁적으로 시장에 매물을 내놓을 수 있게 한다면, 장기적으로 주택 가격은 안정화될 것이라고 생각한다. 물론 다주택자들이 집을 팔고 다시 부동산 시장에 재진입하지 못하도록 정책 디테일도 손봐야 할 것이다. 그 상태에서 도심 재개발·재건축 단계의 주택 멸실로 인해 다시 집값이 상승하는 것을 막고, 장기적으로 주택 공급을 충분히 시행해 집값을 안정화하는 방안을 취하는 방법도 있을 것이다.

집을 왜 사야 하느냐고
묻는다면

어느 날, 회사 후배가 집을 살지 말지 고민하고 있었다. 이야기를 들어보니 학군, 직주근접(직장과 집의 근접성), 교통, 자연환경, 입지, 투자성 등 자를 대고 이리저리 많이 고민한 흔적이 보였다. 무엇보다 지금이 집을 사는 '때'가 맞는지 고민이라고 했다.

후배는 가장 중요한 최종 선택만 남겨두고 끝까지 고민했다. 지금 집을 사느냐 마냐에 따라 앞으로 자신의 생활과 자산이 달려 있기 때문이다.

나 역시 이런 고민을 하곤 하지만 사실 해결책은 간단하다. 이제까지 했던 모든 고민과 생각들을 지우고 심플하게 핵심 질문key question 하나만 남기는 것이다.

자본 체력

고민될 때는 핵심 질문만 남긴다

장고 끝에 악수 둔다는 말이 있다. 중요한 결정을 앞두었을 땐 본질적인 질문 하나 남기고 다 지워야 한다. 그래야 결정이 쉬워진다.

나는 후배에게 스스로 질문을 던져보라고 했다.

"왜 집을 사려고 할까?"

후배는 답했다.

"거주 목적이에요. 제가 살 집. 그리고 투자성도 좋았으면 좋겠고요. 그리고…."

"뒷말은 다 지우고 이제부터 거주 목적에만 집중하자. 투자가 아닌 실거주 목적이면 집을 언제 사는지는 더 이상 중요하지 않다고 봐. 집값이 오르든 떨어지든 그냥 살면 되는 거니까. 대신에 담보대출 상환 능력이 되는 범위에서 사야겠지?"

"네, 그러네요. 그러고 보니."

"실거주 목적이면 홀로 사는 넌 학군지는 우선 제외하자. 넌 집을 살 때 가장 큰 고려 사항이 뭐야?"

"회사 출퇴근이 편했으면 좋겠어요."

"그러면 직주근접 혹은 회사 라인의 역세권이면 좋겠네?"

그렇게 차근차근 대화를 이어가며 매수할 지역을 찾았고, 그 지역에 임장을 갔더니 무언가를 깨달은 모양이었다. 후배는 돈이 부족해서 자금 계획을 다시 짜며 이리저리 부딪히다가 드디어 몇 주 뒤에 집을 계약했다며 감사 인사를 해왔다. 주저하다 하마터면 제때 못 살 뻔했다고. (물론 나 이외에도 다양한 사람에게 도움을 받았을 것이다. 그리고 결국 본인이 판단해서 해냈기 때문에 결과의 공은 그 후배 자신에게 있다.) 나는 오히려 젊은 나이에 집을 직접 알아보고 장만한 그 후배가 기특했다.

시장의 눈으로 바라보자

앞의 후배에게 일러준 것처럼, 인생에 있어 중요한 질문 몇 개를 스스로에게 던져놓고 그에 대해 철학과 원칙을 미리 만들어두면 대응이 빠르고 일도 수월해진다.

중요한 질문 중 하나가 바로 '우리는 어떤 시스템(자본주의·사회주의)에 살고 있는가?'이다. 그리고 그 답은 명료하다. 우리는 '자본주의' 시스템에서 살고 있다. '수정자본주의'든 뭐든 본질은 자본주의다. 이 점을 명확히 인지해야 그다음 단계가 보인다.

자본주의는 시장주의이다. 수요와 공급에 의해 모든 시장가격이 정해진다. 한때 지인이 이런 푸념을 했다. 정부가 대책을 계속 내고 있는데, 왜 서울 집값이 오르고 전세가가 계속 오르는지 이해가 가지 않는다고. 난 간단히 답해줬다. 그만큼 '공급보다 수요가 많아서'라고.

부동산 시장은 수요, 공급, 금리, 규제 등의 변수로 움직인다고 많은 전문가들이 입을 모은다. 그런데 최근 시장 상황은 수요가 높고, 공급이 적고, 금리는 역대급으로 낮다.

모든 지표가 부동산 시장 우상향(상승)을 가리키고 있는 것이다. 이런 상황에서 수요, 공급, 금리 세 가지를 조정할 수 있는 수단이 규제인데, 정부는 공급을 늘리는 방법을 쓰지 않고 수요만을 억제하는 억

제책을 쓰고 있다는 게 가장 큰 문제다.

그래서 현재로서는 집을 살지 말지 고민하는 지인들에게 가급적 대출 상환 가능 범위 안에서 실거주용 1주택을 빨리 매수할수록 좋다고 이야기하고 있다.

자본주의의 기본 요소는 부동산

많은 분들이 집을 살지 말지에 대해 여전히 고민이 깊다. 집은 가족이 있는 정서적 공간home이기도 하고, 내가 편히 쉴 수 있는 물리적 공간house이기도 하며, 내 자산을 불려줄 수 있는 투자물real estate이기도 하기 때문이다.

'home'과 'house'는 인간의 기본적 욕구에 해당하며, 이를 기반으로 한 'real estate', 즉 부동산은 자본주의 시스템에서 기본 요소가 될 수밖에 없다. 부동산은 자본주의에서 기본이 되는 투자물이라고 깨닫는 순간 내 집 마련은 되도록 빠르면 빠를수록 좋다는 원칙이 생기게 된다.

사실 집을 매수할지 고민하는 분들에게 나뿐만 아니라 주변 그 누구도 제대로 된 답을 줄 수는 없다. 각자가 처한 환경, 대출 가능 범위, 자산 수준과 소득, 자녀 유무와 추구하는 가치 등이 모두 다르기 때문이다. 그러므로 집을 매수하는 것은 결국 자신의 원칙이 바로 서야 한다. 남들보다 늦었다고 무리하게 욕심을 내서 매수하거나 내 재정 상황과 별개로 좋은 곳만 바라보고 포기하지 못한다면, 더 이상 앞으로 나아갈 수 없다.

내 집 마련이 늦은 것 같다면, 늦은 만큼 더 관심을 갖고 뛰면 된다. 빠르게 인정하고 거기서라도 출발해야 한다. 아쉽겠지만 내가 현실적으로 갈 수 있는 지역, 그곳에서부터 차근차근 시작하는 것이다. 그렇게 한 발을 떼고 나면 자연스럽게 다음 발을 내딛을 수 있다. 부자는 천천히 만들어진다. 집값이 일시적으로 하락하는 시기가 분명히 오겠지만, 자신만의 원칙이 있다면 두려울 것 없다.

그 원칙은 핵심 질문에서 시작한다. 아직 고민하고 있다면 이렇게 핵심 질문을 던지라고 권하고 싶다.

"나는 집을 왜 사려고 하는가?"

인생길은 속도보다 방향이 더 중요하다. 조바심 내지 말고, 차근차근 걷되 결정이 섰다면 빠르게 달려나가길 당부한다.

내 집 마련,
그녀의 말을 들어보자

"집 사는 거 절대 반대하는 남편, 어떻게 해야 할까요? 답답해요."

이런 질문이 온라인상에 심심찮게 올라온다. 작년에도, 재작년에도 늘 올라왔다. 그럴 때마다 드는 생각이 있다. '그래서 저 분은 남편을 설득해서 집을 매수했을까? 만약 매수했다면 어땠을까? 만약 매수하지 않았다면?'

화성에서 온 분석과 금성에서 온 본능

부동산 시장을 바라보는 시각은 남녀가 조금씩 다르다. 일반적으로 남자는 부동산 시장을 '분석'하는 경향이 있다. 책《화성에서 온 남자, 금성에서 온 여자》에서도 남성은 분석하고 솔루션을 제시하는 반면 여성은 실제 필요와 본능을 고려한다고 한다. 실제로 부동산 시장에 여성이 참여하는 경우가 많이 보인다. (물론 모든 가구에 일반화할 수는 없다.)

한편, 부동산 시장에는 크게 네 가지 핵심 변수가 있다고 앞서 설명한 바 있다. 바로 '수요, 공급, 금리, 규제'다. 거시적인 측면에서 이 변수를 분석하면, 부동산 시장의 큰 물줄기를 확인할 수 있다.

그런데 수요, 공급, 금리, 규제 중에서 공급, 금리, 규제는 정부나 국가기관 등 공공의 영역이다. 주택 공급은 민간과 공공이 동시에 추진하지만, 재개발과 재건축 등에 인허가를 내주는 곳은 결국 정부기관이다. 따라서 공급은 결국 정부의 영향권에 있다고 볼 수 있다.

금리는 한국은행에서 주관한다. 한국은행은 시중 물가 안정을 위해 통화량을 조절할 수 있는 권한이 있고, 이 권한 중 하나가 바로 금리인상 및 인하이다. (물론 국내 금리는 미국의 영향을 크게 받는 경향이 있다.)

규제는 말 그대로 정부의 부동산 시장 규제를 뜻한다. 주택담보대출규제, 분양가상한제, 재건축초과이익환수제, 토지거래허가제, 임대차3법 등은 부동산 시장의 대표적인 정부 규제책이다.

이렇듯 부동산 시장의 주요 변수 중 세 가지가 정부·공공 영역에서 주관한다. 공공이 아닌 민간(시장)에서 나타나는 변수는 단 하나, 바로 '수요'다. 이 수요를 미시적 측면에서 보면, 결국 인간의 '필요'와 '본능'에서 시작된다는 것을 알 수 있다. 그리고 집에 대한 인간의 필요와 본능은 대개 남자보단 여자가 더 크게 느낀다고 '개인적으로' 판단한다.

그렇다면 여성이 남성보다 왜 집에 대한 필요를 더 느끼는지와 주로 여성이 주도하는 학군지와 같은 수요는 왜 생겨나는지에 대해 간단히 살펴보도록 하자.

그녀가 부동산 투자에 열심인 이유

앞에서 내 집 마련에 성공한 후배 이야기를 했다. 20대 비혼족 여성인 후배는 서울 중심부의 20평대 아파트를 매수했다. 그리고 내가 전에 살던 아파트를 매수하던 매수인도 30대 1인 가구 여성이었다.

둘 다 2030세대 여성 1인 가구였으며, 두 사람 모두 아파트를 매수했다. (둘 다 부모의 재정적 지원을 일부 받았다.) 그리고 통계청 자료를 통해 그 이유에 대한 답을 어느 정도 찾을 수 있었다.

2018년 기준 1인 가구 성별 주거 점유 형태를 보면, 여성 1인 가구의 주거 형태의 42.7%는 '자가'였다. 반면 남성 1인 가구의 자가 비율은 18.3%에 불과했다. 자기 집에 사는 비율이 여성이 남성보다 2배 이상 높게 나타난 것이다. (물론 1인 가구에는 미혼뿐만 아니라 이혼과 사별 가구도 포함되어 있다.)

사실 증빙자료를 일일이 대지 않아도 보통 여성이 남성보다 내 집 마련에 관심이 많다고 느낀 사람이 많을 것이다. 그렇다면 왜 여성은 '내 집'을 더 필요로 할까? 그 이유를 살펴보자면 다음과 같다.

첫째, '안전의 욕구Safty needs'다. '안전Safty'과 '안정Stability'은 다른 개념이다. 안전은 외부 환경과 위협에서 자신을 보호하는 것이다. 매슬로우 욕구 단계에서도 생리적 욕구와 함께 기본적인 욕구에 해당하는 것이 바로 '안전'이다. 이 안전에 대한 인식도 남녀는 차이를 드러낸다. 통계청의 '2018년 사회조사 결과'를 보면, 사회에서 가장 주된 불안 요인으로 남자는 '국가안보(20.9%, 1위)'를 꼽았고, 여자는 '범죄 발생(26.1%, 1위)'을 들었다. 즉, 여성은 내 주변에서 일어나는 생활 안전에 더 민감하고, 남성은 대외적으로 일어나는 국방, 안보에 더 민감한 것으로 나타난 것이다. 특히 여성이 처음으로 독립하게 되는 대학 시절, 학교 근처 원룸에 살아본 경험이 있는 여성은 원룸 생활에 대한 '경험'을 통해 안전 욕구가 더욱 커진다.

또한 부모와 함께 아파트에 살다가 분가하며 원룸에 살아본 자녀는 관리, 방범, 안전의 필요성을 경험하며 아파트가 왜 선호되는지 몸소 체험하게 된다. (원룸이 무조건 좋지 않다는 것이 아니라 상대적으로 아파트가 방범에서 안전하다는 뜻이다.)

결과적으로 여성은 외부 불안 요소로부터 나를 보호해 줄 수 있는 나만의 집을 필요로 하며 주택보다는 아파트를 선호할 가능성이 높다. 이것은 결혼 시점에 아파트를 선호하는 이유이기도 한데, 결혼을 하지 않더라도 요즘 20~30대 비혼 여성들이 아파트를 매수하는 비중이 점차 늘고 있다는 점이 이를 뒷받침한다.

둘째, '주거 안정성Housing stability'이다. 남녀가 만나 사랑을 하고 결혼을 결심하면, 함께 살 집에 대해 고민하기 시작한다. 특히 2세 계획에 대해 남녀가 다른 시각을 보이는데, 일반적으로 '내 집'에 대한 안정성이 확보되면 여성은 임신·출산 계획에 대해 관대해지지만, 그렇지 않을 경우 2세 계획에 대해 부담을 가질 수 있다.

동물도 마찬가지로 암컷이 새끼를 품으면 수컷이 둥지나 따뜻한 보금자리를 만든다. 누군가는 전월세나 자가나 같은 집인데 뭐가 다르냐고 묻지만, 옮겨 다니거나 눈치 볼 필요 없는 내 집이 주는 안정성은 다른 이야기이다. 실제로 임신·출산 시기에 집에 오래 있는 사람도 여성이다. 그렇기 때문에 생물학적으로 임신이 불가한 남성은 이

자본 체력

점에 대한 이해도가 낮은 경우도 많다.

통계청이 발표한 '행정자료를 활용한 2019년 신혼부부 통계 결과'에 따르면, 집 없는 부부의 출산율이 집 있는 부부보다 10% 더 낮은 것으로 집계되었다. (무주택 부부 가운데 자녀가 없는 비율은 46.8%로, 주택이 있는 부부 중 자녀가 없는 비율인 36.7%보다 높게 나타났다.) 신혼부부의 자녀 출산에 주택 유무가 큰 요인으로 작용했다고 해석할 수 있다. 안정적으로 준비되지 않은 상태에서 자녀를 키우기가 부담스러운 것이다. 따라서 결혼한 여성은 부동산에 관심을 가질 수밖에 없다. 어느 지역에서 둥지를 틀고 자녀를 키울지에 대한 고민이 남편보다 상대적으로 높다고 할 수 있겠다.

마지막은 '교육Education'이다. 안전과 안정의 욕구가 충족이 되면, 임신과 출산 이후 자녀 보육 및 교육에 대한 관심사로 넘어간다. 보육기관인 어린이집, 유치원까지는 그런대로 지낸다. 하지만 자녀의 초등학교 입학 전후로 고민이 시작된다. 자녀가 본격적인 교육 시스템으로 진입하는 시기이며, 6년이라는 긴 교육 과정을 위해 한 곳에서 정착해야 하기 때문에 다시 한번 거주지 이동을 고민한다.

여기서 고려되는 지역이 바로 '학군지'다. 많은 이들이 학군지를 단순 학원가와 학업성취도만으로 평가하는데, 사실 학군지에 대한 수요는 유해 시설 없는 곳, 면학 분위기 좋은 환경 속에서 '비슷한 수준의' 아이들과 자라길 바라는 부모의 니즈가 반영된다.

자극적이고 폭력적인 콘텐츠로 인기를 모은 인터넷 방송인의 딸이 최근 수도권의 한 사립초등학교에 들어간다는 소문이 퍼지자, 학부모들이 해당 학교에 항의한 사례가 있었다. 그 아이가 무슨 잘못이 있겠냐만은, 부모들의 마음도 이해가 가는 건 어쩔 수 없다.

"우리 아이가 행여나 그 아이 집에 놀러 갔다가 방송에 노출되는 건 아닐까 겁나요."

논란의 여지는 있지만 어쩌면 아이가 어떤 이유로든 다칠까 무서운 부모 입장에서는 당연한 마음일 수 있다. 결국 부모 자신의 안전 및 안정의 니즈가 충족되면 자녀의 안전과 안정의 니즈로 옮겨가는데, 그게 바로 '교육'이며 그 결과가 '학군지'이다.

그녀의 말을 들어볼 필요가 있다

20대 미혼 시기에는 안전의 욕구

30대 신혼 시기에는 주거 안정성

40대 이후 자녀가 성장하면 교육과 학군지

어쩌면 전 연령대에서 여성이 남성보다 '내 집'에 대해 더 큰 관심을 가지고 내 집 마련에 더 열심일 수밖에 없는 이유가 아닐까?

Safty needs(안전의 욕구)

Housing Stability(주거 안정성)

Education(교육)

각 단어의 앞글자를 따니 She(그녀)가 되었다. 부동산 시장은 수요,

공급, 금리, 규제로 움직이지만, 내 집은 결국 그녀가 결정한다고 할 수 있겠다. 그러니 남편들이여! 내 곁에 있는 그녀의 말에 귀 기울여 주시길. 자다가도 떡이 나올 수 있으니 말이다.

"부부는 상경여빈相敬如賓**이어라."**

가장 가까운 사이지만 서로 공경하기를 마치 손님 대하듯이 하면 가정에 평안이 온다는 뜻이다. 평소 존경하는 장인어른께서 결혼 초기에 나에게 당부한 말씀이다. 집 문제로 부부간 의견 충돌이 있을 때마다 이 말을 떠올리며, 서로 존중하고 배려하면서 해결해나가길 응원한다.

실제로는 반대로 남자가 주도해서 집을 매수하는 경우도 꽤 있다. 그러므로 앞서 이야기한 내용을 일반화하는 데 한계가 있지만, 남성이 부동산 투자를 못하는 게 아니라 여성이 부동산의 필요를 더 크게 느낀다고 해석해 주면 좋겠다.

간혹 아내보다 남편이 부동산에 관심을 가지고 공부하며 내 집 마련에 적극적인 케이스가 있는데, 이런 분들은 재테크에 훌륭한 역량을 가지고 있다고 봐도 무방하다. 그러니 그런 남편, 남자친구를 곁에 두고 있다면 꼭 안아주길 바란다. 컨설팅을 해보니 이런 남성 분들은 열에 둘, 셋 정도뿐이다.

기회의 평등은
자본 교육에서 온다

'OECD 자살률 1위, 노인 빈곤율 1위, 출생률 세계 꼴찌.'

2021년 우리가 마주한 대한민국 사회의 불편한 진실이다. 언뜻 보기엔 서로 다른 문제 같은 자살률, 빈곤율, 출생률 등의 사회문제에는 사실 공통적인 원인이 있다. 바로 '서민 경제'다. 이와 같은 사회현상과 이슈의 교집합 한 가운데에는 결국 먹고사는 경제문제가 중심에 자리하고 있는 것이다.

이러한 사회문제를 다루기 위해서는 소득 및 자산 불평등과 같은 경제 전반에 관한 접근과 근본적인 처방이 필요하다. 그렇다면 경제문제의 해결과 서민 경제의 회복을 위해 정부 관료는 어떤 생각을 가지고 어떤 정책을 펼쳤을까?

근로소득이 과연 양극화를 해결할까

장하성 전 청와대 정책실장은 한국 자본주의 '분배'의 실패가 불평등과 양극화를 야기했다고 저서 《왜 분노해야 하는가》에서 말했다. 다시 말해 양극화 문제는 가진 것(자산)과 버는 것(노동) 중에 버는 것(노동)에서 비롯되었다는 주장이다.

따라서 훗날 그가 청와대 정책실장으로 근무할 당시 그의 이론을 기반으로 소득을 개선하는 방향으로 국정전략을 수립했는데, 그게 바로 '소득주도성장론(소주성)'이다.

소득주도성장론所得主導成長論, Income-led growth⁎은 가계, 기업, 정부 중 가계의 노동소득이 증가하면, 이들의 소비가 촉진되어 기업에게 이윤이 돌아가고 결국 정부의 세수도 늘어나 경제성장을 이룬다는 문재인정부의 대표적인 경제정책이다.

예를 들어, 자동차 공장을 운영하는 기업가가 있다고 가정하자. 이 기업이 자동차를 더 많이 판매하기 위해서는 무엇을 해야 할까? 간단하다. 더 많은 노동자를 채용하고 임금을 늘려주면 된다. 왜냐하면 노동자들은 늘어난 소득으로 소비를 늘리고, 자동차를 구매할 수 있기 때문이다. 이것이 바로 소득주도성장론의 요지다. 노동자에게 임금이 주어지면 그들은 그것을 가지고 소비하며 시장에 참여하게 되고, 결

● 이것은 고전학파 장 바티스트 세이가 주장한 '세이의 법칙say's law'의 이론을 추종한 것으로 보인다. 프랑스 경제학자인 장 바티스트 세이(Jean-Baptiste Say, 1767~1832)는 자신의 저서를 통해 공급의 중요성을 설파했고, 훗날 케인즈는 그의 이론에 기반해서 "공급은 스스로 수요를 창출한다Supply creates its own demand"라는 주장을 했다.

국 이것은 기업의 이윤으로 돌아온다는 논리다.

물론 이러한 접근은 '성장' 측면에서 의미가 있을 수 있다. 그러나 양극화나 불평등 문제를 해결하기 위한 근본적인 처방은 아닐 것이다. 소득주도성장론을 담은 정책들이 시행된 지 수년의 세월이 흘렀지만, 계층 간 불평등과 양극화는 더욱 심화되었다는 점이 이를 방증한다. 소득주도성장론을 담은 정책이 실패한 원인은 무엇일까? 여러 가지 이유가 있겠지만, 결국 불평등과 양극화 문제를 노동 '소득'으로만 보고 접근했기 때문이라고 생각된다.

나도 일하지만, 돈도 일해야 한다

최근 서점별 베스트셀러를 살펴보면 부와 관련한 책이 다수를 차지한다. 대부분의 사람들이 부자가 되고 싶기 때문이다. 그런데 그 부자라는 목표가 몇 백 억의 자산을 가지는 걸 의미할까? 아닐 것이다. 대부분 근심 없이 돈을 다룰 수 있을 정도 혹은 경제적으로 자립할 수 있을 정도를 목표로 삼을 것이다. 일례로 '경제적 자립을 위해 현금 자산은 어느 정도가 필요할까?'라는 질문이 화제가 된 것만 봐도 그렇다. 사람들이 부와 관련한 책을 집어 드는 것은 재벌이나 상위 0.1%의 부를 얻기 위한 것보다도 경제적 자립을 위한 준비 목적이라고 생각할 수 있다.

그런데 우리가 목표로 하는 '부'는 결과적으로 근로소득만 가지고 얻기 어렵다. 평생 일해도 서울의 아파트 한 채 사기 어려운 게 현실

자본 체력

이기 때문이다. 이렇게 말하면 일부 사람들은 되묻는다. "그건 집값이 너무 올라서 그런 거 아니에요?"

그렇다. 집값이 올라서 그렇다. 내가 열심히 노동해서 벌어들인 근로소득보다 돈이 돈을 굴려 벌어들이는 자본소득(자산·금융소득), 즉 집값의 상승폭이 더 크기 마련이다.

그래서 나 홀로 땀 흘려서 일하는 게 아니라 돈도 함께 일하도록 그 시스템을 만들어야 한다. 다들 느끼겠지만, 이 맥락의 주장이 최근 들어 더 큰 설득력을 얻고 있다.

앞서 장하성은 부의 불평등은 분배의 실패이고, 분배의 실패는 소득(임금)의 불균형에서 왔다고 판단했다. 그 주장에 대해 나는 다르게 생각한다. 부의 불평등은 서민들의 자본과 금융에 대한 무관심에서 비롯했고, 이는 국가가 노동·근로소득만 강조한 데 따른 결과라고.

자산 양극화와 불평등은 우리나라만의 문제는 아니다. 토마 피케티는 저서 《21세기 자본》에서 '소득 불평등'을 조명했는데, 그는 '소득 불평등=노동소득 불평등+자본소득 불평등'으로 보았다. 앞의 예와는 달리 자본소득 불평등도 양극화의 원인으로 본 것이다.

즉, 선진국으로 갈수록 지대가 노동소득을 앞서고, 자본소득이 노동이나 생산소득의 성장률보다 더 클 수밖에 없다는 사실을 그는 알고 있었다. 따라서 사회적 불평등은 자산의 격차에서도 오고, 이를 개선하기 위해 노동뿐만 아니라 자산에 대한 불평등을 어떻게 해야 하는지 그의 저서에서 논하고 있다.

하지만 현 정부는 '자본'보다는 '노동'에서 문제의 원인을 찾고 있다. 사실 현 정부뿐만 아니라 그간 우리 정부는 자산 불평등 문제에

뚜렷한 솔루션을 제시하지 못했다. (혹은 관심을 갖지 않았다.)

내가 강조하며 주장하고 싶은 부분이 바로 이 지점이다. 바로 '노동'도 중요하지만 '자본'이 더 중요한 시대로 가고 있다는 것. (자본주의가 고도화되고 경제가 저성장으로 갈수록 더욱 그렇다.)

그런데 왜 우리는 '노동'에 그렇게 집착할까? 바로 한국 자본주의 발전의 특이점인 '한강의 기적' 때문이다.

자본 교육은 돈 밝히는 공부가 아니다

우리나라는 압축성장을 했다. 앞서 살펴본 대로 1960~1970년대 산업화, 1980년대 민주화, 1990년대 정보화, 그리고 2000년대 세계화까지 그야말로 변화와 성장에 느슨함이란 없었다.

전 세계 어디를 보아도 전쟁 직후 에티오피아보다 못한 빈민국에서 압축, 고도성장으로 세계경제 10위권이 된 국가는 한국이 유일하다. 그래서 정부는 산업화의 근간이자 고도성장을 가져왔던 시대의 '노동'과 '생산성'이 여전히 우리의 성공 방정식일 것이라 믿으며 이를 고수하고 있다. 그런데 과연 그게 맞을까?

모든 일에는 단계가 있다. 우리는 그 단계와 과정을 밟지 않고 압축성장을 한 결과로 부작용이 드러나고 있다. 우리가 압축·고도성장을 하면서 지나쳐버린 것은 무엇일까? 나는 그것이 '자본의 이해'라고 생각한다.

우리와 어깨를 나란히 하고 있는 OECD 주요국들은 자본주의 속에서 수 세대를 거치며 국민 대다수가 충분히 자본에 대한 이해력을 가지고 있다. 하지만 우리 국민은 여전히 '노동'에만 집중하고 있는 게 현실이다.

일례로 한국은행에서 발표한 '소득계정으로 본 가계소득 현황 및 시사점' 자료를 보면, G7 국가 국민의 가계소득 중 자본소득의 비중은 평균 10% 이상이며, 특히 독일 19.2%, 미국 21%로 자본소득이 차지하는 비중이 높은 것으로 나타났다.

그럼 우리나라는 과연 어느 정도일까? 한국 가계의 경우 근로소득(임금 및 영업이익)을 제외한 재산소득 비중은 7.7%에 불과한 것으로 나타났다. 미국의 3분의 1 수준에 불과한 정도다. 그리고 이는 우리나라 사람 대부분이 여전히 노동소득 중심으로 살아가고 있다는 사실을 뜻한다.

그렇다면 노동 환경은 어떨까? 세계에서 가장 일 많이 하는 나라는 멕시코다. 그리고 다음은 코스타리카이다. 그리고 이어 대한민국이 전 세계에서 가장 오랜 시간 일하는 국가 3위다(2019년 OECD 기준).

이처럼 우리나라는 노동이 자본보다 여전히 우선시되고 있다. 1970~1980년대 산업화 시기엔 육체노동이 중요했고, 1990~2000년대 정보화, 세계화 시기엔 지식노동이 중요했기 때문이다.

하지만 이 시기에도 재벌을 비롯한 자산에 대한 이해가 높았던 이들은 자본과 자산을 통해 부를 배로 축적했다(특히 IMF 이후). 양극화와 불평등이 노동과 분배의 불균형에서 시작한다는 오래되고 학술적인 프레임에서 이제는 벗어났으면 하고 주장하는 이유다.

우리나라 국민은 여전히 제대로 된 금융 교육 한 번 못 받으며, 사회에 금융 알몸으로 내팽개쳐진다. 공부 열심히 해서 좋은 대학 가고, 좋은 직장 취직하기의 끝에는 '노동소득'이 자리하고 있다. 그렇게 전 국민 가계소득의 93%가 노동소득에 기대고 있는 현실이다.

이제 1970~1980년대 산업화에 맞춰진 노동 신성성을 내려놓고 미래 세대만이라도 자본에 대한 이해와 제대로 된 교육을 철저히 받길 희망한다. 기회는 평등해야 하고 과정은 공정해야 한다고 주장하지만 자본주의 사회에서 기회의 평등은 국민들의 균질한 금융 지식에서 출발한다고 믿는다.

자본주의 사회에 살면서 자본을 모른다는 것은 숨을 쉬지 않겠다고 다짐하는 일과 같기 때문이다.

TIP 미래의 부동산 시장 내다보기

대한민국은 불과 2000년까지만 해도 일주일에 6일 일하는 사회였다. 하지만 2003년부터 주 5일 근무제가 시행되고, 학교 역시 단계적으로 5일 등교를 적용하기 시작했다. 물리적인 근로 시간을 줄이자 태업과 같은 비효율 문화가 개선됐고, 이틀의 휴식으로 업무 생산성을 더 높일 뿐만 아니라 소비 증진 효과까지 나타나면서 주 5일제는 성공적으로 제도에 안착했다. 이후 18년간 주 5일제는 당연한 일상이 되었고, 이제 주 52시간 근무를 넘어 주 4일 근무, 그리고 코로나로 인해 재택·유연근무의 제도화까지 수면 위로 떠오르고 있다.

2020년 SK그룹 최태원 회장은 주 4일 근무제를 그룹 전체에 단계적으로 도입할 것을 언론을 통해 알렸다. 또한 이미 몇몇 대기업은 독일과 같은 유연근무제와 노동시간 총량제를 부분적으로 시행하고 있다.

이렇듯 근무 제도의 변화는 기업의 방향과 생산성 향상에 막강한 영향을 끼친다. 나아가 개인의 라이프스타일에도 변화를 주어 결국 부동산 시장에도 영향이 있으리라고 짐작할 수 있다. 그렇다면 주 4일 근무, 유연근무, 재택근무가 보편화될 경우 부동산 시장에는 어떤 변화가 일어날까? 간단히 살펴보자.

향후 부동산 시장의 가능성과 아이디어

서울 동쪽 지역의 가치 상승

'4도 3촌(4일 도시에 일하고 3일 촌에서 살기)' 니즈가 증가하기 때문에 서쪽 지역과 비교하여 황사 영향이 적으며, 강, 산, 바다 등의 자연과 가까운 동쪽 지역의 가치가 상승할 가능성이 있다.

1억 원 중후반에서 2억 원대의 세컨드 하우스 수요 증가

중장기적으로 도심에서 가까운 수도권 외곽의 수요가 증가하면서, 콘도 회원권 보다 1억 원 중후반에서 2억 원대가량의 세컨드 하우스를 고려하게 될 수 있다 (현재는 종부세 영향으로 세컨드 하우스 매수보다 전세 선호). 휴일인 3일 동안 자녀, 친구, 가족과 함께 텃밭을 가꾸고 고기를 구워먹는 등 현장체험과 추억을 쌓는 공간에 대한 니즈가 늘어날 것으로 보인다.

레저·관광·숙박 활성화(특히 골프·레저 관련 기업)

3일 휴무로 레저·관광·숙박 업계는 코로나 이후(백신 접종 및 집단 면역 이후) 본 격적으로 활성화될 것이다. 특히 골프·레저 관련 기업을 눈여겨봐야 한다.

똘똘한 대형 평형대 부동산 선호도 증가

코로나 사태로 많은 이들이 이미 경험했지만, 본격화된 재택·유연근무로 집의 소중함과 가치가 더욱 상승할 것이다. 앞으로 집 안에서 모든 걸 해결하려는 니 즈도 높아질 것이다. 흔히들 인구 감소와 가구 분화로 인한 1인 가구 증가를 보 고 소형 평형대가 더 큰 가치가 있다고 판단하기도 한다. 그러나 소형 평형대의 인기가 단순히 1인 가구 증가에 있다고 단정 짓기는 힘들다. 그보다는 어떤 연 령대에서 해당 평형이 선호될 것인지 먼저 고려해야 한다. 가령 앞으로 1인 가 구 중 고령 가구의 비중이 얼마나 높아지는지 확인하는 것이 좋다. 또한 고령 이전의 경제 활동을 활발히 하는 연령대에서는 어떤 평형대가 선호되는지 검토 해 보는 방법도 있다. 개인적으로 소형 평형은 '필요'에 의한 수요이지, '선호'에 의한 수요는 아니라고 판단한다. 1인이든 2인이든 사람들은 모두 넓은 공간을 선호하기 때문이다. 자본이 있냐 없냐의 문제일 뿐이다. 그러므로 앞으로도 중 대형 평형대의 가치는 더 높아질 것으로 보고 있다.

강남·강북의 한강변과 숲세권 그리고 구도심의 가치는 더욱 높아질 것

마지막으로 자연친화 조건을 갖춘 강남·강북 한강변과 숲세권에 있는 기존 핵 심지역은 더 높은 가치로 평가될 것이다. (조경이 잘 갖춰진 신축은 더욱 그렇다.) 여가 시간이 생긴 만큼 거주 공간에서 지내는 시간도 늘어나기 때문에 가까운 곳에서 자연친화적 공간을 찾는 수요는 더욱 늘어날 것이다. 특히 강남 및 강북 의 한강변(구도심권)은 갈수록 노후화가 심각해지고 있으므로 그 기대감에 재건축·재개발 지역의 가격이 계속 오를 수밖에 없다. 아이러니하게도 재건축·재개발이 진행되면 오히려 중장기적으로는 가격이 안정될 가능성이 높다. 왜냐하면 재건축·재개발은 노후화된 건물을 재생하는 역할도 있지만, 사실 주택 수를 늘리는 데 목적이 있기 때문이다. 이는 현재 공급 부족을 앓고 있는 부동산 시장에 단비 같은 역할을 하게 될 것이다. 그리고 공급이 늘어나면 중장기적으로 가격은 안정될 수밖에 없다. 반면 재개발이 미뤄질 경우 기대감과 재개발 지역의 희소성 때문에 가격은 계속해서 뛸 수밖에 없다. 결국 한강변 구도심은 집값 안정화를 위해 언젠가 개발이 되어야 하고, 이는 차기 정권에 큰 부담으로 남을 것이다.

위의 예측은 합리적이지만 말 그대로 예측일 뿐, 무조건 들어맞는 것은 아니기에 수용할 부분은 수용하되 비판적 시각으로 판단하길 바란다. 다만, 간혹 변화를 두려워하거나 변화가 오고 있는데도 외면하는 분들을 마주칠 때가 있다. 이에 대해 잠깐 일례를 들어 말하고 싶다.

중국의 샤오미는 한자로 '소미小米', 즉 좁쌀이라는 뜻을 가진 기업이다. 기업 이름이 왜 좁쌀이냐 싶겠지만, 샤오미의 레이쥔 회장(창업자)의 말을 들어보면 무릎을 치게 된다. 그는 "태풍의 길목에 서면, 돼지도 날 수 있다"라는 말을 했는데, 바람이 부는 길목에선 좁쌀이 그 어느 것보다 빠르게 멀리 날아간다고 했다. (물론 다른 뜻도 가지고 있다.) 그의 말에서 알 수 있듯 샤오미의 핵심 철학은 바로 '시기'이다. 때를 잘 맞추면 무거운 돼지도 바람에 날 수 있고, 때를 놓치면 실패한다. 4차 산업·포스트 코로나·유동성 등을 뿌리에 둔 상황을 뒤엎을 태풍이 불어오고 있는데, 공부하고 대비해서 태풍을 추진력 삼아 날 것인가, 이를 외면하다 태풍에 휩쓸릴 것인가?

"발은 현실의 땅을 단단히 딛고 있되, 눈은 하늘을 바라보라"는 말이 있다. 이 글을 접한 독자는 자신의 일상에 닥친 변화의 바람을 알아채고, 그 바람을 타서 하늘을 날기를 바란다.

평생을 책임지는 자본 체력의 힘

단련하기

3

지금의
자본 체력이
평생을 살린다

자산을 늘려주는
기초 체력

지인과 대화를 나누던 중 있었던 일이다. 지인은 자녀가 초등학교에 들어가면서 교육비 때문에 걱정이라고 토로했다.

"애가 초등학교 들어가니까 사교육비가 너무 많이 들어 걱정이야."
"그러게. 사교육비 많이 든다고 하더라."
"당장 학원 하나 더 보내고 싶은데, 월 30~40만 원이 빠듯해서 못 보내니 마음이 안 좋네."

그렇게 자녀 교육 이야기를 하다 보니 어느새 분양받은 집 이야기까지 하게 됐다.
"이사 간 집 맘에 들어? 분양받았다니 정말 잘했네."
그러자 지인이 푸념했다.
"응, 내 집이라 생각하니까 참 마음 편하고 좋더라. 근데 사실 이 집이 내 집이니? 아직 은행 집이지. 한 달에 애 교육비는 물론이고, 은행 대출이자 갚는데도 벅차."

"그래? 고정 금리야? 이율은 몇 퍼센트로 되어 있어?"

"고정 금리? 잘 모르겠어. 이율도 그냥 처음 대출받은 거 그대로 해놓아서 모르겠어."

"이사 온 지 3년 넘지 않았어? 아마 그때보다 금리가 많이 떨어졌을 텐데?"

"그래? 잠깐만. 은행 앱으로 확인해 볼게. 흠…. 대출한 지 3년 넘었고, 금리는 4.2%로 되어 있네? 문제 있는 거야?"

"문제라기보다는 가계 지출에 개선의 여지가 충분히 있는데?"

"그래? 어떻게 하는데? 나 이런 데 약한 거 알잖아."

그 후 내용은 대략 이렇다. 일반적으로 주택담보대출은 3년 이내 해지하거나 잔금을 중도 상환하면 위약금 및 수수료가 발생한다. 그런데 3년이 지나면 중도 상환 수수료가 발생하지 않는다. 즉, 3년이 지나서 금리가 떨어져 있을 경우 더 좋은 조건으로 담보대출을 갈아탈 수 있다는 뜻이다. (물론 중도 상환 수수료 등 계약 조건이 대출 상품에 따라 다르기 때문에 꼼꼼히 살펴봐야 한다.)

기존에 설정된 담보대출 금리는 4.2%였는데, 현재 주거래 은행의 우대금리를 적용하면 최종 2.2%까지 가능했다. 2%의 금리 우대를 추가로 받을 수 있었다는 뜻이다. 즉, 지인의 담보대출 설정 금액이 4억 원 수준이었기 때문에 이자 2%를 덜 내면 연 800만 원을 절약할 수 있었다.

기존 4억 원 × 4.2% = 1,680만 원(연)

변경 4억 원 × 2.2% = 880만 원(연)

차이 800만 원

나는 말했다. 연 800만 원의 비용을 절약한다면 월 66만 원의 비용을 아낄 수 있다는 뜻인데, 아까 말한 30만 원의 학원비를 그걸로 낼수 있지 않겠냐고. 그러고 보니 그렇다며 연차 쓰고 내일 당장 은행가봐야겠다는 지인에게 추가로 당부하듯이 말했다.

"교육비도 중요하지만 그 일부를 미래의 아이를 위해 투자로 돌리는 건 어때?"

지인은 투자는 돈이 있어야 한다며 손사래 치고 생글생글 웃으며 멀어져 갔다. 내 마음 한 구석엔 아쉬움이 남았다.

내 돈이 어떻게 들어오고 나가는지부터 알자

앞의 지인을 비난할 수는 없다. 양질의 교육을 받고 좋은 대학 나와서 대기업에서 인정받아 승승장구하는 직장인 선후배들을 보면 대다수가 비슷한 사정이다. 교육, 대학, 직장, 사회적 위치가 금융 지식과는 크게 상관없다는 뜻이다. 일이 바쁜 탓도 있겠지만, 금융에 대한 이해도 그리고 관심이 많이 부족한 게 현실이다.

우리나라는 국제 학업성취도 OECD 1~2위, 청년 고등교육 이수율 OECD 2위, 학생 문제해결 능력 OECD 최상위권이다. 반면 우리

자본 체력

삶에 가장 중요한 근간인 금융 이해력은 아프리카 가봉보다 낮은 세계 77위 수준이다. 문제 푸는 능력은 세계 1위인데, 생활 금융 이해도는 세계 꼴찌나 다름없는 것이다.

나는 자신의 자산이 어떤 형태로 이루어져 있고, 수입과 고정 지출은 얼마나 되고, 현금 흐름과 부채 상황은 어떤지 등 자산 현황을 대략이라도 알고 있어야 한다고 생각한다. 그렇지 않고 일만 열심히 한다면, 밑 빠진 독에 열심히 물만 붓는 격이다.

자산 현황을 관리할 수 있어야 자산 운용 계획이 바로 선다. 자산 운용 계획이 없다는 건 소비·지출이 어떻게 이루어지는지 제대로 알지 못하고 돈을 흘려보내고 있는 것과 같다.

소비·지출 그리고 순자산·부채의 흐름을 제대로 파악하지 못하면 신용카드, 마이너스 통장 사용으로 인해 자기 자산에 여유가 있다고 착각하게 되고, 돈을 낭비할 가능성이 커진다. 그래서 최소 연 1회, 혹은 반기, 분기 단위로 자산 현황을 살피는 것이 돈을 불리고 지키는 기본 중의 기본이다.

각자도생의 시대, 지금이라도 늦지 않았다

2020년 기준 대학 수학능력시험 선택 과목 중에 '경제'를 택한 학생의 비중은 전체 학생의 2.4%에 불과하다. 이유는 간단하다. 경제는 다른 과목에 비해 난이도가 높아 점수를 따기 쉽지 않기 때문이다. 또한 경제를 필수 과목이 아닌 선택 과목에 넣었기 때문인 것도 있다. (해외 선진국은 금융 과목이 별도로 있고 국영수와 같은 기본 과정에 금융 지식을 포함해 가르친다.)

학교에서 경제를 가르치는 교사의 전문성도 우려스럽다. 실제 경제학을 전공한 교사는 10명당 1명꼴에 불과하다. 경제학을 전공하지 않은 교사가 금융 교육을 맡으려면 관련 과정을 이수해야 하는데 이마저도 활발히 이뤄지지는 않는다.

여기에 금융감독원의 금융 관련 교육 예산은 180억 원 수준으로, 3년간 제자리이다. 사실상 자본 교육에 있어서 총체적 난국인 것이다. 예산도 없고, 가르칠 사람도 없고, 관심도 없도록 세팅되어 있다.

그래서 결론은 "마냥 기다리면 안 된다"이다. 누가 가르쳐주지 않으면 각자도생이라도 해야 한다. 그 첫 번째가 바로 내가 먼저 배우고 시장에 참여하는 것이다. 이렇게 경험을 쌓아서 나만의 자본 철학을 만들어야 한다.

그 과정이 있어야 유산처럼 자녀에게 경제 습관을 물려줄 수 있다. 그다음 해야 할 행동이 바로 자녀의 금융 교육을 부모가 직접 하는 것이다. 부모가 자녀를 직접 교육할 수 있는 '기초' 금융 교재를 마침 금융감독원에서 제공하고 있다. 구체적인 신청 방법은 3장을 마무리하는 TIP에서 확인하길 바란다(142p).

결국
땅 주인에게 간다

　어느 날, 경제학자 헨리 조지는 생각했다. '생산성이 증가하는데도 불구하고 왜 빈곤은 사라지지 않는 걸까?' 그리고 《진보와 빈곤》이라는 책을 통해 그 답을 전했다. "모든 자본 잉여금은 결국 토지로 간다"라고. 인류가 수 세대를 거치며 기술 진보를 이뤄냈고 그에 따라 자본 총량은 크게 늘어났는데 기업 이윤과 노동자 임금은 그만큼 늘지 않았다. 그렇다면 기술 혁신으로 창출된 부는 결국 어디로 갔느냐? 바로 땅 주인에게 갔다는 것이다.

　그렇다. 기업 이윤, 사업소득, 노동 임금 등 모든 자본은 결국 땅으로 흐르게 되어 있다. 그것도 모든 사람들이 가지고 싶어 하는 핵심 지역으로.

　인류는 지금도 이 치우침의 문제를 해결하지 못했다. 저금리, 저성장, 저물가로 인한 유동성이 부동산으로 흐르는 건 어쩔 수 없는 자연의 흐름과도 같다. 왜 그럴까? 땅은 인간의 욕구 그 자체이기 때문이다. 2장에서도 말했지만 토지는 매슬로우의 5단계 욕구(생리-안전-소속-존경-자아실현) 모두에 해당한다. 인간은 기본적으로 소유욕을 가지고 태어나는데, 모든 소유의 최종 종착지는 대부분 땅이다. 부의 총량이 부동산으로 가는 것에 대한 옳고 그름을 떠나 이러한 통찰은 적어도 우리가 자본주의 사회에서 어떻게 대응하며 살아야 할지 지침을 주기에 충분하다.

부동산 가치가 높아지는 진짜 원인

시간은 모두에게 상대적 가치를 지니고 있다. 그것을 쉽게 볼 수 있는 지표가 바로 '시급'이다. 시급은 곧 한 사람이 가진 시간당 생산성의 가치인 것이다. 물론 한 사람의 모든 시간 가치를 생산성으로만 판단하는 건 한계가 있다. 다만 여기서는 자본을 논하고 있으니 최대한 시장의 입장에서 생각해 보자.

만약 누군가 연봉으로 1억 원을 번다고 해도 워런 버핏이 가진 1분과 그가 가진 1분의 시장 가치는 약 15만 배가량 차이가 날 것이다. 워런 버핏과 점심을 먹기 위해 460만 달러(한화 약 54억 4,000만 원)를 지불하듯 말이다.

이렇듯 시간 가치가 상대적이라면, 공간 가치도 마찬가지다. 그 공간이란 바로 부동산(토지, 정착물)이다. 하지만 공간 개념인 부동산도 시간 개념이 투영되어 시장 가치를 평가 받는다. 예를 들어 사람들이 흔히 말하는 '직주근접'은 내 집과 직장과의 거리가 얼마나 가깝게 위치

자본 체력

(공간)하느냐를 판단하는 것 같지만, 사실 출퇴근 '시간'을 아껴서 다른 곳에 쓰기 위한 니즈에서 출발한다.

'역세권, 숲세권, 스세권(스타벅스 인접)' 선호도 직주근접처럼 접근성에 대한 수요인데, 그 본질은 결국 '시간 절약'이다. 결국 나에게 주어진 절대적 시간의 총량을 얼마나 효율적으로 사용할 수 있느냐를 시장에 묻는 것이다. 이와 같이 시간(그리고 시간 개념이 투영된 공간)은 모든 사람에게 절대적으로 주어지지만 동시에 상대적 가치를 지닌다.

이러한 시간의 상대적 가치를 드러내는 부동산 시장 용어가 '급지, 민도, 학군'이다. 나와 비슷한 시간 가치를 가지고 있는 사람 혹은 나보다 높은 시간 가치가 있는 사람들, 그들이 모여 사는 곳에서 커뮤니티를 형성해 비슷한 시간 가치를 유지하며 살고 싶은 욕구. 이를 표현한 말이 급지, 민도, 학군인 것이다.

강남이 땅이 좋아서 강남이 된 게 아니라, 시간 가치가 높은 사람들이 모여 살기 때문에 지금의 강남이 된 것이다. 시간 가치가 높은 사람들 그리고 그들의 자녀가 살기 때문이고, 학원, 병원, 쇼핑, 도로 등 각종 편의 시설을 비롯한 인프라가 시간을 절약해 줄 수 있도록 바로 인근에 위치해 있기 때문이다.

'중요한 시간들이 모여 있는 공간.'
이것이 부동산 가치의 본질 아닐까?

결론적으로, 시간과 공간이 모두 투영된 인간의 근본적인 욕구 그 자체가 땅이며 부동산이라고 생각한다. 그리고 바로 그렇기 때문에 부의 총량이 땅 주인에게 흘러갈 수밖에 없다. (이 때문에 사회주의 국가는 토지를 몰수해 국유화했는데 결론적으로 최상위 간부들이 독차지하는 부작용만 낳았다.)

'부의 총량은 결국 부동산으로 흐른다.'

씁쓸하지만 현실이고, 그게 인간의 본능이 발현된 것이며, 그래서 우리가 정신을 바짝 차리고 공부하면서 자본 체력을 길러야 하는 이유다.

자본 체력

주식과 부동산,
돈은 어디로 흐르고 있나

자본은 자연과도 같다. 자연에 진공이 없는 것처럼, 자본도 공백을 허용하지 않는다. 돈이 되는 곳이 있으면 자본은 어떻게 알고서 그 비좁은 틈을 파고 들어가 자리한다.

또한 자본은 생물과도 같다. 성장하고 성숙하며 때론 죽어서 사라지기도 한다. 잠잠하기도 했다가 변화무쌍하게 움직이기도 한다. 따라서 자본은 계속 이동하고 흘러가는 속성을 지닌다. 이것을 '머니무브Money move'라고 표현한다.

머니무브란, 경제가 호황이거나 낮은 금리가 지속될 때 자금이 안전자산에서 위험자산으로 이동하는 것을 뜻한다. 즉 은행 예금에서 주식·채권 시장 등 고위험 고수익형 자산으로 자본이 흐르는 것이다. 반대로 불황일 경우 자금이 안전한 은행 예금으로 몰리는 현상을 '역머니무브'라고 부른다.

주식과 부동산 사이, 머니무브

서점의 재테크 분야를 보면, 크게 '주식, 부동산' 코너로 분류되어 있다. 최근에야 자본·금융에 대한 관심이 높아져서 금, 달러, 유가, 원자재 그리고 비트코인까지 개인의 투자 포트폴리오가 다양해졌지만, 그럼에도 개인 투자자가 가장 많이 접근하는 대상은 역시 주식과 부동산일 것이다. 그러므로 자본 시장의 흐름을 보기 위해서는 주식 시장과 부동산 시장을 함께 봐야 한다.

주식, 부동산은 모두 자본 시장 안에 있는 '투자물'이다. 둘 다 전통적인 투자 상품 혹은 투자 대상이기 때문에 자산을 증식하기 위해 우리가 꾸준히 공부하고 분석하고 도전해야 하는 대상이다.

이 둘의 차이점을 설명하자면, 주식은 큰 틀에서 채권과 비트코인 같은 금융 상품에 해당하며 대체로 현실에 실재하지 않는다. 그러나 부동산은 현실 세계에 실재하는 특징을 가졌다.

'객관적 실재'와 '상호주관적 실재'라는 개념이 있다. 객관적 실재는 객관적으로 존재하는 것을 뜻한다. 아무리 부정해도 중력이 존재하는 것처럼 토지, 건물도 마찬가지다. 누가 뭐라 해도 그 자리에 실제로 존재한다. 그래서 눈과 비를 피해 들어가서 휴식을 취할 수 있다. 반면 상호주관적 실재는 '이것이 실재한다'라고 상호 약속된 것일 뿐, 눈에는 보이지 않는다.

화폐는 사실 파란색, 초록색의 종이 쪼가리에 불과하다. 이 종이가 어느 정도의 가치를 지닌다고 상호 약속했기 때문에 그 가치를 인정하는 것이다. 이는 중앙 정부가 나서서 보증한다. 화폐와 마찬가지로 주식, 채권, 비트코인은 서로 그 가격에 대해서 신뢰를 갖고 거래된다. 그리고 그 신뢰가 무너지면 가치도 함께 무너진다.

결론적으로 부동산은 객관적 실재인 반면 주식, 채권, 비트코인 같은 금융 상품은 상호주관적 실재라고 할 수 있다. 그리고 자본은 위기 상황을 지나면 결국 실재하는 방향으로 흐른다.

앞에서 언급했지만 경제학자 헨리 조지는 모든 잉여 자본은 결국 토지 그리고 땅 주인에게 간다고 했다. 그런 면에서 주식, 코인 시장에 휘몰아치는 유동성 장세를 머니무브로 해석한다면, 주식과 다른 자본 시장에서 부풀려진 거대한 유동성이 이제 어디로 갈 것인지에 대해 어느 정도 답을 예측할 수 있다.

과거 2018년 9.13 부동산 대책 이후 6개월간 조정을 받았던 시장에 부싯돌을 튀기며 불씨를 지핀 사건이 있으니, 이주열 한국은행 총재의 발언이었다. 그는 2019년 4월 '리디노미네이션', 즉 화폐개혁을 할 때가 되었다고 이야기한 바 있는데, 그 발언 이후 강남 재건축 시장이 들썩이기 시작했기 때문이다.

화폐개혁이 일어나면 그동안 묻어둔 돈의 가치가 떨어지므로 그전에 현금을 금융·자산물에 투자하려는 움직임이 일어난다. 그렇게 '지하자본'이 양지로 나오고, 정부는 세금을 더 많이 거둘 수 있다.

실제로 화폐개혁 발언 이후로 지하자본 일부가 자본 시장에 튀어나왔다. 그때 유행했던 말이 '에셋 파킹Asset Parking'이었다. 말 그대로 자본을 안전한 자산물에 주차해 둔다는 의미였다. 그 안전한 자산물은 '강남 재건축'이었고, 눈치 보던 3040세대가 주거지를 옮기면서 2019

년 부동산 상승장이 본격화되었다.

이후 이어진 저금리·유동성 장세에서 손해를 덜 보기 위한 자본의 생물과도 같은 흐름은 계속되었다. 화폐개혁 발언으로 에셋 파킹이 활발하다가 정부의 부동산 규제가 엄격해지자 사람들은 소유 주택을 여러 채에서 '똘똘한 한 채'로 집중하기도 했다. 그리고 부동산 시장에만 머물던 자금의 유동성이 과도한 규제와 피로감으로 결국 주식, 비트코인 시장으로 향했다. (지하자본도 주식과 코인으로 갔을 테고, 젊은 무주택자들의 자본도 함께 이동했을 것이다.)

이제 그 시장에서 각 개인의 자본이 커졌다면, 그 자본이 주식, 비트코인 시장에만 머물까? 아니면 또 다시 머니무브가 발생할까?

앞으로의 돈은 어디로 흐를까

주식은 필수재가 아니지만, 부동산은 필수재다. 자가가 아니어도 월세 혹은 전세로 어떻게든 부동산 시장에 참여할 수밖에 없다. 그래서 부동산 시장을 함부로 규제하거나 다뤄서는 안 된다. 자본가부터 서민까지 전 국민이 정책의 영향을 체감하기 때문이다.

2021년 오세훈 서울시장 당선 이후 부동산 시장도 들썩였다. 무엇보다 서울 재건축 시장에 대한 기대였다. 이제 다시 강남 재건축 시장이 꿈틀대고 있다. 공교롭게도 2021년 하반기를 앞둔 현재, 주식 시장에서의 개인 자금의 유입이 연초만 못하다. 연초의 주식, 비트코인 시장에서 하반기 부동산 시장으로 머니무브가 일어날지 주의깊게 지커봐야 할 것이다.

시장이 앞으로 어떻게 될지 함부로 예단할 수 없겠지만, 자본을 머니무브의 관점에서 바라본다면 생각보다 결론에 쉽게 도달할 수 있을 것이다. 앞으로 돈이 어디로 흘러갈 것이고, 내 자본을 어디에 두어야 할지 힌트를 얻기가 조금은 수월하기 때문이다.

신뢰가 자본의
거품을 만든다

자본주의 사회에 살면서도 전혀 배우지 못한 개념이 있다. 그중 하나가 바로 '신뢰 자본'이다. 즉, 신뢰가 자본을 만든다는 것이다. 그런데 그 신뢰가 거품을 만들기도 한다. 이게 무슨 말인지 간단한 예를 들어 살펴보자.

A라는 사람이 있다. A는 돈을 벌어서 1,000만 원을 C은행에 넣었다.

C은행은 1,000만 원의 자본이 생겼다.

B라는 사람이 있다.

B는 카페를 차리기 위해 C은행에서 1,000만 원을 대출받았다.

C은행의 자본은 이제 0원이 되었다.

B는 대출받은 자본으로 사업을 확장하기 위해서

A를 고용해 1,000만 원을 급여로 주었다.

A는 급여로 받은 1,000만 원을 다시 C은행에 입금했다.
A의 총 자산은 2,000만 원이 되었다.
하지만 B에게 돈을 빌려준 C은행의 현재 잔고는 1,000만 원이다.

일은 여기서 그치지 않는다.
B는 더 많은 수익을 위해 은행에서 1,000만 원을 추가로 빌려
A에게 1,000만 원을 급여로 주었다.

A는 그 1,000만 원을 다시 은행에 입금했다.
이제 A의 자산은 3,000만 원이 되었다.
하지만 C은행의 잔고는 여전히 1,000만 원이다.

앞의 사례는 유발 하라리의 저서 《사피엔스》의 내용을 각색한 것이다. 여기서 살펴본 은행의 행위는 국제 금융법으로 최대 9차례까지 허용하고 있다. 이 말은 우리 은행 계좌에 있는 예금의 90%는 은행에 실제 화폐가 존재하지 않을 수도 있다는 사실을 의미한다. 이를 확인하는 수치를 BIS비율(자기자본비율)이라고 부른다. 만약 이 은행의 예금주들 모두가 갑자기 전액 인출을 요구하면 은행은 파산하게 되는데 이것이 뱅크런Bank-Run이다.

이렇듯 현대 사회의 자본 시스템이 결국 이자 놀음에 불과하다고 보는 시각도 있다. 우리 사회는 왜 이런 거대한 금융 사기처럼 보이는

자본 시스템을 기초로 할까? 이 해답을 알면 경제에서 '거품'이 생길 수밖에 없는 이유를 알 수 있다.

신뢰 자본이 있어야 기술·산업의 진보도 있다

누군가 우리는 어떤 사회에 살고 있냐고 묻는다면, 나는 당연히 자본주의 사회에 살고 있다고 답할 것이다. 이 체제는 인간의 탐욕을 최대한 인정하며, 민주주의와 함께 현대 인류의 삶을 도약 내지 진보시켰다. 아마 이 사실을 부정하는 이는 많지 않을 것이다.

빛이 있으면 어둠이 있듯 자본주의는 인류의 삶을 진보시켰지만 부작용과 한계도 뚜렷이 나타났다. 많은 학자들은 그것을 버블(거품)과 양극화 문제로 보고, 이 두 가지는 아이러니하게도 인류의 삶을 진보시킨 '탐욕'에서 비롯되었다.

애덤 스미스는 《국부론》에서 개인의 이익을 취하려는 욕구를 기반으로 공동체의 부가 형성된다고 주장했다. 내가 욕심을 내서 잘 살려고 노력하면 할수록 그 성과를 조직이 얻고, 조직의 성과는 국가가 얻는다는 것이다.

'내가 부자가 되면 결국은 모두에게 이익이 된다.' 이를 두고 유발 하라리 교수는 개인주의가 곧 이타주의가 된다고 해석했다. 또한 이것이야말로 근현대사에서 가장 혁명적인 발견이라고 말했다.

사실 우리가 빵을 먹을 수 있는 이유는 애덤 스미스의 말처럼 빵집 아저씨의 자비심이 아니라 이기심 덕분이다. 앞의 사례에서 B가 대출

받은 돈으로 카페를 차렸다면 사람들에게 커피를 제공할 뿐만 아니라 소비도 증진하고 일자리도 창출했을 것이다. 하지만 이 결과는 B가 사람들에게 커피를 제공하며 고용을 창출하려는 자비심에서 시작된 것이 아니라 돈을 벌고자 하는 탐욕에서 출발했다는 점에 주목할 필요가 있다.

만약 B가 은행에서 대출을 받지 않았다면 그는 카페를 차릴 수 없고, 사람을 고용해서 급여를 줄 수 없고, 많은 사람에게 부가가치를 제공할 수 없었을 것이다. 꿈은 많지만 자본이 없기 때문이다.

금융권의 대출 시스템이 없을 경우, B가 카페를 차릴 수 있는 유일한 방법은 그의 신용을 믿고 돈을 빌려줄 수 있는 투자자를 찾는 방법밖에 없다. 하지만 이 사람의 꿈과 비전만 믿고 선뜻 돈을 빌려줄 사람은 거의 없을 것이다. 투자자들은 몇 년 후 B가 돈을 제대로 갚을지 확신할 수 없고, 쉽게 모험할 수 없기 때문이다.

인류에게는 수천 년 동안 금융권 대출이라는 시스템이 없었다. 그래서 시장은 지금보다 얼어붙어 있었고, 당연히 기술 발전도 더딜 수밖에 없었다. 이 난제에서 벗어난 것은 바로 근대 이후부터였다. 그게 바로 신뢰와 신용을 기반으로 한 대출 시스템이다. 이 시스템은 은행을 탄생시켰다. 본격적인 금융 시스템이 만들어지기 시작한 때였다. 은행은 신용을 담보로 사업가에게 돈을 빌려줬다. 사업가는 그 돈을 가지고 사업을 하고 산업을 일궜다. 이로 인해 새로운 부유층(자본가)이 탄생하고, 기술 발전과 산업의 진보가 찾아온 것이다.

이렇듯 기술 발전으로 인한 인류의 진보, 조직이 성장하고 국가가 부강해지며 국민의 삶의 질이 높아지는 힘 모두 개인의 탐욕에서 출발한다. 탐욕은 꿈과 비전으로 표현되기도 하는데, 결국 꿈과 비전을 실현한 것은 앞서 말한 대로 신용대출 시스템, 즉 신뢰 자본의 역할이 컸다.

사실 사회를 발전시키기 위해서는 개인의 탐욕을 자극하는 꿈과 비전을 국가가 끊임없이 제공해 줘야 한다. 탐욕이 있어야 사업도 하고 대출도 하고 소비도 하기 때문이다.

자본 거품은 필연적이다

여기서 잠깐, 신용대출 시스템이 생기면서 은행이 사람들에게 빌려준 그 많은 돈은 어디서 났을까? 이론적으로 은행이 계좌에 예치된 돈을 다른 사람에게 대출해 주고 예대마진을 남겨야 하는 게 맞다. 그런데 은행은 욕심을 내기 시작한다. 예치된 돈을 실제로 찾으러 오는 사람이 많지 않다는 사실을 깨달은 것이다. 그래서 실제 잔고에도 없는 돈을 더 많은 사업가들에게 대출해 주고 이 방법으로 은행이 큰돈을 벌게 된다. 앞서 설명한 BIS비율은 바로 여기서 시작되었다.

이렇듯 신용 기반 대출은 기술의 진보와 산업 발전을 이끌어내지만, 안타깝게도 태생적으로 버블이 생겨나는 한계를 갖고 있다. 이는 자본주의의 숙명이라고도 할 수 있다.

부동산을 통해 이해를 돕자면, 예를 들어 내가 10억 원의 아파트를 매수하고 싶다고 가정하자. 그런데 수중에 3억 원밖에 없어서 7억 원을 빌려야 할 상황이다. (2017년 8.2 대책 전에는 모든 지역에서 주택담보대출이

70%까지 가능했다.) 그래서 은행에 가서 30년간 갚는 조건으로 장기 담보 대출을 계약했다. 이렇게 은행이 나에게 빌려준 7억 원은 사실 나의 미래 수익을 담보로 대출해 준 것이다. 즉, 나는 30년 동안 내가 벌어들일 수익을 담보해서 7억 원을 빌려 쓴 것이고, 은행은 미래의 30년간의 나의 수익(내가 갚을 7억 원)을 나를 통해 한 번에 시중에 풀어버리는 것이다.

결과적으로 아파트를 사면서 10억 원의 거래가 성사되는 순간, 있지도 않은 돈 7억 원이 시중에 풀렸다고 보면 된다. 매수자가 대출을 통해 그 물건을 구매하면, 매도자는 그 금액을 현금화할 수 있기 때문이다. 매도자가 이 돈을 가지고 소비를 하거나 투자를 하면 그 유동성으로 시장이 활발해진다.

이렇게 대출로 미래 자본이 끊임없이 투자 시장에 쏟아지기 때문에, 정확히는 중앙은행이 계속 돈을 찍어내면서 주택 가격이나 주식의 가치는 중장기적으로 계속 오를 수밖에 없다. 반대로 말하면 화폐의 가치는 계속해서 떨어질 수밖에 없다는 뜻이다.

따라서 주식과 부동산 투자가 위험할 수 있지만, 반대로 투자를 하지 않으면 갖고 있는 현금의 가치가 떨어지므로 더욱 위험할 수 있다. 즉, 내가 지금 쥐고 있는 현금의 가치와 구매력은 시간이 흐를수록 떨어질 수밖에 없다는 것이다.

사람들은 갑자기 투자물의 가격이 오르면 "거품이 꼈다"고 말한다. 이 거품을 단순 투기와 탐욕으로만 바라보는데, 사실은 자본주의 금융 시스템의 숙명이라고 말하는 게 더 정확한 표현이다. (냉정하게 말해

이 사회는 어차피 거품으로 이뤄져 있다.)

　나는 인간의 탐욕과 꿈, 그리고 거품 위에서 이 사회가 건설되고 붕괴하고, 그리고 또 다시 건설되면서 나아가고 있다고 믿는다. 자본주의 시스템의 속성상 그럴 수밖에 없기 때문이다.

　우리가 속한 시스템을 명확히 이해하면, 자본주의 레이스에서 당황하지 않고 다음 발걸음을 내딛을 수 있다. 그 과정에 이 조언이 도움되길 바란다.

초저금리는
자산의 거품을 만든다

자본주의에서 거품을 만드는 또 하나의 요소는 바로 '금리'이다.

2008년 세계 금융위기의 전말

2008년 세계 금융위기는 초저금리에서 시작했다. 2000년 초 미국 사회를 보면 IT버블, 9.11 테러, 이라크전쟁 등으로 경기 침체에 빠져 헤어 나오지 못하는 상황이었다.

당시 미 연방준비제도이사회Fed 의장 앨런 그리스펀은 경제 활성화를 위해 초저금리를 택했고, 조지 부시 대통령은 주택 경기 활성화 정책을 공격적으로 추진했다. 저신용자도 저금리로 쉽게 대출을 받아 주택을 구매할 수 있도록 장려한 것이다.

그 결과 한때 6.5% 수준의 기준금리는 2003년 1월에 1%까지 떨어지게 되었다. 이때 등장한 상품이 바로 '서브프라임 모기지론'이다. 서브프라임 모기지론이란 신용 위험등급인 서브프라임subprime(안전은 프라임prime) 고객을 대상으로 한 담보(모기지mortgage) 대출(론loan)을 말한다. 즉, '위험 등급 담보 대출' 상품이다. 이 상품으로 인해 시중에 대출 및 거래가 많아지면서 유동성이 높아지고, 넘치는 수요에 집값도 급등하기에 이른다.

문제는 초저금리 대출로 인해 많은 저신용자가 묻지도 따지지도 않는 투기성 매수로 집을 여러 채씩 보유했다는 점이다. 은행 및 증권사는 고객이 파산해서 대출금을 못 갚아도, 집값이 이를 감당할 만큼 상승하기 때문에 원금 손실을 회피할 수 있었다. 그들은 이 점을 이용해 서브프라임 파생 상품을 만들어 수많은 투자자들에게 줄기차게 팔아댔다.

결국 2004년 미국은 저금리 정책을 종료하고 금리인상을 단행하게 되는데, 그때까지도 사람들은 위험을 감지하지 못했다. 그렇게 2006년이 되자 사람들은 주택 가격에 거품이 심각하게 꼈다는 것을 인지하기 시작한다.

금리가 올라 대출이 어려워지고, 집을 내놓아도 팔리지 않자 대출 상환 능력이 부족한 저신용자부터 타격이 가해졌다. 그리고 무분별하게 대출을 승인해준 금융 회사가 대출 원금 회수도 못 하고, 담보로 한 주택 가격 역시 하락하면서 결국 줄줄이 도산하게 되었다.

은행이 도산하자 파생 상품을 만들어 판매하던 신용사 및 증권사들도 함께 줄도산할 수밖에 없었다. 이때가 2008년이었고, 이른바 세계 금융위기가 시작되었다.

초저금리가 부른 '잃어버린 30년'

초저금리가 불러온 자본 붕괴를 간단히 정리하면 다음과 같다.

> 불황 → 초저금리 → 유동성 확대 → 실물 가치 상승 → 주택 수요 증가 → 거품
> 형성 → 인플레이션 발생 → 금리인상 → 화폐 가치 상승 → 실물 가치 하락 →
> 주택 수요 감소 → 가계부채 위험가구 증가 → 붕괴

이 흐름은 2008년의 미국뿐만 아니라, 40여 년 전 일본의 '플라자 합의'에서도 찾을 수 있다. 플라자 합의란 일본이 미국의 압박으로 일본이 자국의 엔화 가치를 올렸던 사건이다.

미국은 자국 GDP(국내총생산)의 50%를 위협하는 국가가 출현하면 수단과 방법을 가리지 않고 굴복시켜왔다. 일본이라는 강대국이 그렇게 쓰러졌다. 사실 '세계의 공장'이라는 타이틀은 현재의 중국 이전에 독일과 일본이 쥐고 있었는데, 독일은 제1, 2차 세계대전을 지나며 알아서 무너졌고, 일본은 세계 무대에 G2 국가로 등극했던 1980년대에 플라자 호텔에 끌려가 미국에 굴복당했다.

일본은 이 당시 엔화 가치를 의도적으로 낮춰 싸고 질 좋은 일본 제품이라는 이미지로 천문학적인 무역 흑자를 기록했고. 급기야 미국 GDP의 70%까지 추격하며 경제대국으로 미국을 압박하게 되었다. 이에 미국은 G5 재무장관을 미국 플라자호텔에 모아놓고 엔화 가치를 올리도록 일본을 압박했다. 결국 일본은 엔화 가치 올리기에 합의하고(1985년 플라자 합의) 그 이후 수출 감소폭이 커져 무역 적자와 경기

침체를 맞은 것이다.

일본 정부는 경기 부양을 위해 금리인하라는 카드를 꺼냈지만, 그 유동성은 소비로 이어지지 않고 부동산 시장에 유입되어 자산 버블을 일으켰다. (물론 일본 정부의 무능한 경제정책 대응이 한 몫 했다.) 그 이후 많은 이들이 이미 알다시피 일본의 '잃어버린 30년'이 시작되었다.

시중에 돈을 뿌리면 일어나는 일들

미국, 일본의 사례를 보면 초저금리 정책을 시행했는데 소비 활성화는커녕 실물자산의 가치가 급격히 상승한 것을 볼 수 있다. 소비 증진을 위해 돈을 풀었는데, 소비로 이어지지 않고 왜 실물자산으로 돈이 흘러갔을까?

쉽게 말하면 '3저 현상' 때문에 그렇다. 3저 현상이란 저금리, 저성장, 저물가를 뜻하는데, 저금리 유동성에도 소비로 이어지지 않는 현상을 말한다. 그 이유는 사람들이 모두 불황을 체감하고 있기 때문이다. 따라서 풀린 유동성으로 소비나 지출을 하기보다 경기 침체를 대비해 실물·안전자산에 돈을 넣어 위기에 대비하는 것이다.

1980년대 일본은 플라자 합의로 저성장·불황이 왔고, 2000년대 미국은 닷컴버블, 9.11 테러, 전쟁으로 저성장·불황이 찾아왔다. 이를 타개하기 위한 해결책은 두 경우 다 초저금리였고, 그 결과로 소비는 커녕 실물자산으로 유동성이 흘러들어간 것을 앞선 사례를 통해 확인했다. 그리고 두 나라 모두 자본 시장의 붕괴를 경험했다.

이때, 부동산의 경우 도심의 코어(핵심)지역은 조정 기간을 거친 후 다시 반등했다. 일본의 경우 주변 위성도시는 유령도시가 되었지만, 도쿄 핵심지역은 잃어버린 30년 동안에도 가치가 상승했다.

서브프라임 사태 이후 미국 주택 시장도 비슷한 형태를 보이고 있다. 대표적으로 뉴욕의 맨해튼을 보면 주식 시장 붕괴는 아주 먼 옛날 이야기로 느껴진다. 그리고 이때부터 양극화가 사회문제로 더욱 대두되기 시작했다. 이 모든 과정을 현재 우리 상황에 대입해 보면 비슷한 모양새가 보이므로 미래에 대비할 인사이트를 얻을 수 있을 것이다.

그렇다면 초저금리 기조는 언제 끝나고 금리는 언제 오를 것인가? 그리고 금리가 오르면 과연 위기가 올까? 우리도 과거 일본처럼 잃어버린 30년이 시작될까? 이 물음에 답을 구하기 위해선 미 국채 금리와 현재 상황에 대한 이해가 필요하다. 한국의 금리는 기축통화국인 미국 금리 그리고 국채의 영향을 크게 받기 때문이다. 지난 2021년 3월 미국 장기국채 금리가 오르자 국내 주식 시장이 출렁이는 모습을 연출한 바 있다. 왜 이런 일들이 일어나는지 다음 글에서 최대한 이해하기 쉬운 방식으로 살펴보자.

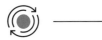

미국 금리 상승에
사람들이 놀라는 이유

2021년 3월 5일, 미국 10년 만기 국채 금리가 1.5%까지 올랐다. 미국 국채 금리, 그중에서도 10년 만기 국채 금리는 미국 경기와 물가 전망을 잘 보여준다고 알려져 투자자들이 주의깊게 보는 금리다.

코로나 이후 상승세를 보이는 미국 장기 국채 금리

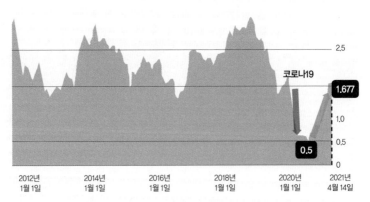

바로 이 금리가 2020년 코로나로 인해 역대 최저치인 0.5%를 기록한 이후 반등하여 빠른 속도로 상승한 바 있다.

당시에도 그렇고 앞으로도 우리가 알고 싶은 점은 '그래서 미국의 국채 금리 상승이 주식, 부동산 등 금융자본에 충격을 주느냐 마느냐'일 것이다. 이에 대한 답을 얻기 위해 우선 알기 어렵게 꽝꽝 얼어 있는 국채와 국채 금리를 빠르게 해동해 보자.

국채란 무엇인가

국채는 국가가 발행하는 채권이다. 채권은 돈을 빌릴 때 발행하는 차용증서다. 즉, 국채는 정부가 중앙은행에서 돈을 빌리기 위해 발행하는 차용증서를 뜻한다.

흔히 정부가 "돈을 찍어낸다"라고 표현하는데, 그것은 실제로 조폐공사에서 화폐를 찍어낸다는 뜻이 아니다. 돈을 찍어낸다는 것은 사실 정부가 돈을 빌린다는 것으로 이해하는 게 옳다. 즉, 정부가 중앙은행에서 국채(채권)를 발행한 후 돈을 빌려 시중 통화량을 증대시키는 것을 바로 '돈을 찍어서 시중에 푼다'라고 표현하는 것이다.

다시 말해 정부는 국가의 재정 지출을 마음대로 할 수 없고 중앙은행에서 채권을 발행해 돈을 빌려야 한다. 그래서 국가가 보증하는 채권을 발행하게 되는데, 그것이 바로 '국가채권=국채'이다.

국채는 다른 채권과 마찬가지로 금융 시장에서 거래되므로, 수요와 공급에 따라 가격이 변한다. 또한 국채의 가격이 변하면 시장에서의 금리 역시 달라진다.

국채 금리는 왜 달라질까?

일반적으로 채권(국채, 회사채 등)은 설정된 약정 기간에 따라 금리가 정해지고, 만기 시점이 되면 원금과 이자율을 곱해 지급된다. (국채는 국가가 망하지 않는 이상 원금과 이자를 돌려받을 수 있으므로 국가 신용도에 따라 선진국 국채는 안전자산으로 간주하기도 한다.)

이렇듯 국채는 채권이기 때문에 채권 만기(기간)와 채권 금리(이자)가 설정된다. 이것이 바로 '국채 수익률'이다.

국채 수익률 = 기간 X 이자율

누군가 국채에 투자한다고 가정하자. 만기 상환 기간은 월 단위의 초단기부터 10년 이상의 장기 국채로 다양하게 계약할 수 있다(보통 2년, 3년, 5년, 10년, 30년 단위).

그리고 일반적으로 채권은 투자 기간이 길수록 받는 이자도 높아진다. 거치 기간이 길어지면, 그에 따른 지급 불이행 위험도도 높아지기 때문이다(빚을 10년 뒤 갚겠다는 친구에게 돈을 빌려주기 쉽지 않을 것이다). 그 리스크만큼 더 많은 수익률(이자율)을 제공한다.

자본 체력

중간 정리를 하면, 만기까지 오래 걸리는 10년, 30년 장기 국채는 일반적으로 금리가 높다. 반대로 만기가 짧게 설정된 단기물은 일반적으로 금리가 낮다.

국채 금리가 오르는데 왜 국채 가격이 떨어질까?

국채에 금리(이자)가 있다면, 당연히 국채를 매수할 수 있는 가격도 있다. 국채 금리와 가격의 상관관계를 간단히 알아보자.

일반적으로 국채 금리가 오르면 국채 가격이 떨어졌다는 것을 의미한다. 국채 금리가 올라간다는 말은 그만큼 수요가 없다는 것이기 때문이다. 채권이 안 팔리니까 금리를 올려서 매력도를 높인다고 보면 이해가 빠르겠다.

국채 금리 상승(국채 수요 적음) = 국채 가격 하락

국채 금리 하락(국채 수요 많음) = 국채 가격 상승

이렇듯 국채 금리와 가격은 반대로 움직인다고 기억하자.

다음부터 살펴볼 내용은 조금 복잡하게 느껴질 수 있지만 미국 사정

• 금융위기 이후 중앙은행이 직접 개입해서 국채 금리를 조절하기도 한다. 정부가 빚을 내면 국채 발행량이 증가해서 국채 가격이 하락하고 금리가 튀어 오른다. 이때 중앙은행이 직접 국채를 매입하면? 국채량이 줄어들고 가격이 오르며 금리가 떨어지게 된다. 이것이 바로 '양적 완화'이다.

에 따라 국내 주가가 왜 그리도 요동치는지 그 이유를 이해할 수 있는 설명이다. 한 번 익혀두면 앞으로 금융 공부나 투자를 할 때 요긴하게 도움이 되므로 어렵다고 해서 포기하지 말고 도전해 보기를 바란다.

미 국채 금리 상승에 놀라는 진짜 이유

지금(2021년)처럼 장기 국채 금리가 상승한다는 것은 앞서 살펴본 대로 장기 국채 수요가 감소했다는 것을 의미한다. 장기 국채(안전자산) 수요가 감소한다는 것은 현재 경기가 회복되거나 호황이 오리라 판단하고 다른 투자처로 자금이 이동한다는 것을 뜻한다.

2020년 코로나 상황에서 10년물 국채 금리가 하락한 것은 그만큼 경기가 좋지 않으리라 판단하고 국채 수요가 늘어났기 때문이라고 볼 수 있다. 즉, 시장 참가자들은 불황이 지속될 것으로 보고 안전자산인 국채를 마구 사들였고, 그 때문에 국채 가격이 뛰어오른 것이다. 국채 수요가 높아서 가격이 올랐기 때문에 금리를 높게 올려서 투자자를 끌어올 필요도 없다. 따라서 그 영향으로 국채 금리가 하락했다고 볼 수 있다. (물론 중앙은행이 개입하는 '양적 완화'의 영향도 있다.)

반대로 장기 국채 금리의 가파른 상승은 국채 가격이 급격히 하락했다는 것을 뜻한다. 국채를 매수하는 사람이 적으니 가격이 하락하고, 국채의 매력 포인트를 높이기 위해 금리도 오르기 때문이다. 안전자산인 국채의 가격이 하락했다는 것은 경기 회복이 생각보다 빠르게 일어날 것이라고 시장이 판단한다는 의미다. 경기 회복 그리고 더 나아가 호황이 지속되면, 통화량이 증가하고, 통화량 증가는 결국 '인플레(물가 상승)'를 유발한다. 거기에 지금은 현 바이든 정부의 1.9조 달러 슈퍼 부양책까지 더해지니 인플레가 더 급격히 오겠다고 예상하는 것이다.

그리고 물가 상승이 지속되면 화폐 가치의 하락을 유발하는데, 이때 중앙은행은 화폐 가치의 급격한 하락을 막기 위해 시중에 풀린 유동성을 회수한다. 이를 '금리인상을 단행한다'라고도 부른다. (중앙은행은 보통 2%의 물가 상승을 목표로 통화·재정정책을 편다.)

금리인상은 위험자산에 몰려 있던 시중의 유동성을 국채 등 안전자산으로 빨아들이게 되는데, 이 경우 당연하게도 증시에 영향을 줄수밖에 없다. 투자자는 위험한 증시 수익률보다 안전한 이자 수익률을 더 선호할 수 있기 때문이다. 이렇게 되면 증시에서 자금이 빠져나오는 것뿐만 아니라 그 과정에 자칫 경제에 심각한 타격을 줄 수도 있다. 금리가 인상되면 부채위험 기업·가구가 대출을 상환하기 어려워지고, 이러한 시장의 약한 고리가 흔들리면 경제 전반에 악영향을 초래하기 때문이다.

결론적으로, 장기 국채 금리 상승에 시장이 놀라는 이유를 정리하면 다음과 같다.

코로나 종식 → 일상 복귀 → 보복 소비 증가 → 내수 활성화 → 경기 회복 예상
→ 장기 국채 수요 감소(안전자산 회피) → 장기 국채 가격 하락

→ **[현재 상황] 장기 국채 금리 상승**

→ 경기 회복 기대감 + 슈퍼 부양책 등 인플레 압력 → 만약 인플레 지속 시 → 중앙은행 통화량 회수 → 금리인상 단행 결정 → 금리인상에 따른 투자 수요 감소 → 증시 하락 → 금리인상에 따른 부채위험 기업·가구 타격 → 경제 악영향

그런데, 현재 상황에서 국채 금리와 시중 금리가 상승하면 정말 많은 이들이 걱정하듯 위기가 찾아올까?

결론부터 말하면, '아닐 수 있다'라고 생각한다. 이에 대한 자세한 내용은 다음 글에서 이어 살펴보겠다.

• 국채 금리 상승의 원인을 연준 채권 발행량 증가로 보는 시각도 있으니 참고하자.

금리가 오르면
정말 위기가 올까

미국 장기 국채 금리가 상승 중이라는 것은 인플레가 올 가능성이 높다고 시장이 판단했다는 의미이고, 결국 금리가 인상될 것이라고 예측할 수 있다.

가격은 수요와 공급에 따라 결정된다. 이는 가격을 시장의 자율성에 맡긴다는 뜻이다. 그리고 국가가 시장에서 최소한의 역할만을 해야 한다는 사회적 합의는 18세기에 애덤 스미스의 '보이지 않는 손'을 통해 이루어졌다. 그러나 대공황 이후 사람들은 두 가지를 깨달았다.

첫째는 가격을 시장의 자율성에만 맡기면 버블이 생긴다는 것이고 둘째는 위기가 찾아오면 국가가 적극적으로 대응해야 한다는 것이다. 따라서 대공황 이후 자유시장에서도 필요에 따라 국가가 제한적으로 개입하는 것을 일부 용인했다. 이를 '통화·재정'이라고 한다.

코로나 시국의 주식 시장

'통화'는 중앙은행이, '재정'은 정부가 컨트롤타워 역할을 한다. 중앙은행이 통화정책으로 물가를 조절하면, 정부는 재정정책을 통해 인프라 구축, 복지 예산 등 시장에 직접 개입해서 재정을 투입한다. 코로나 팬데믹 상황에서 중앙은행은 저금리·양적 완화 등의 통화정책을, 정부는 재난지원금 등의 재정 집행을 추진했다. 이로 인해 시중 유동성이 넘쳐나게 되었다.

이렇듯 현재 저금리 유동성을 만든 건 바로 코로나에 대응하기 위한 통화·재정의 결과이다. 코로나 펀치로 경제가 급소를 맞고 증시, 유가 등 주요 경제지표가 고꾸라지자 정부와 중앙은행은 즉각적이고 적극적으로 개입했다. 골든 타임을 놓치면 호미로 막을 것을 가래로도 못 막을 것이라 판단했기 때문이다.

그렇게 저금리 유동성으로 소비 침체를 막아보려 했지만, 그 유동성은 소비가 아니라 오히려 안전자산으로 향했다. 코로나 초반에 주식이 급락하고 장기 국채, 달러, 금이 선호되었던 이유다. 그러나 코로나로 촉발된 디지털 수요가 상황을 반전시켰다. 안전자산에서 금융 및 위험자산으로 돈이 이동한 것이다.

마이크로소프트 CEO는 2년에 걸쳐 일어날 디지털 전환이 코로나로 인해 단 2개월 만에 모두 일어났다고 했다. 소위 언택트Untact라고 불리는 비대면 관련 시장 수요와 함께 디지털 전환은 이미 시대의 화두가 되어 산업 전반을 뒤흔들었다.

새로운 수요와 그에 대한 투자 그리고 소비는 새로운 마켓과 섹터를 형성했고 이에 위험자산인 증시는 즉각 반응하며 상승했다. 따라서 코로나 초반의 장기 국채, 달러, 금 등의 안전자산에서 코로나 중후반엔 주요국들의 증시로 유동성이 이동했다.

특히 디지털 수요에 직·간접적 관련이 있는 국가인 미국, 중국, 일본, 한국, 독일 등의 증시 회복이 빠르게 이루어졌다. (물론 달러 약세에 따라 4차 산업 관련 공장이 있는 개발도상국에도 자금이 흘러갔다.) 그리고 이제 백신 접종이 시작되며, 코로나 팬데믹의 출구를 향해 나아가고 있다.

여기서 우리는 질문을 던져야 한다. 과연 세계는 코로나 이전으로 완벽히 돌아갈 수 있을까? 산업의 패러다임도 이전으로 되돌아갈까? 코로나는 종식될 수 있을까? 코로나 팬데믹은 우리 삶과 경제 전반에 어떤 변화를 몰고 왔을까?

경기 회복과 금리인상의 관계

백신 접종이 시작되며 꽁꽁 얼어 있던 소비 심리도 살아날 조짐이 보이고 있다. 소비 심리가 살아나면 내수경제가 활성화되고, 내수 활성화는 통화량 증가를 가져온다. 통화량 증가는 인플레, 즉 물가 상승을 유발하고, 인플레가 지속될 경우 물가 안정을 위해 중앙은행은 금리인상을 검토하게 된다. 이게 일반적인 시나리오다.

많은 증시 참여자들이 장기 국채 금리의 가파른 상승을 보며 놀라는 이유가 바로 인플레 압력으로 인해 금리인상이 임박했다고 보기 때문이다.

이 통화정책의 전 세계 수장격인 미 연준(연방준비제도, 중앙은행 산하기관)의 제롬 파월 의장은 "걱정 마세요. 물가 상승률 2% 수준이 지속되지 않는 한 금리 안 올립니다"라며 달랬지만 역부족이었다. 시장 참여자들은 이미 금리를 올릴 수밖에 없다는 쪽에 배팅하고 있었기 때문이다. 안 그래도 보복 소비로 인플레가 예상되는데, 바이든 행정부의 1조 9,000억 달러(약 2,140조 원)가 투입된 슈퍼 부양책 통과는 불난 집에 기름을 부은 격이 되었다.

코로나 초기에는 이런 유동성이 증시 호재로 여겨졌을 것이다. 그러나 사람들은 오히려 지갑을 닫고 투자를 했기 때문에 백신 접종이 시작되고 경제가 살아나는 시점에 유동성이 투입되면 증시에 악재라고 생각하고 있다. 내수가 활성화되고 유동성이 개선되면 시장은 경기 회복을 기대하고, 그렇게 되면 인플레와 금리인상 탓에 증시가 하락 조정을 받을 수 있으므로 주식투자자들은 악재로 느낄 수밖에 없다.

여기에 슈퍼 부양책 통과로 미 정부는 빚을 더 내야 하고, 빚을 내면서 국채 공급을 늘리는데 공급이 수요보다 더 많으면 국채 가격이 또 하락하여 금리가 또 오르게 된다.

마지막으로 국채 금리가 상승하면 위험한 주식 종목들보다 새로 발행된 높은 금리의 국채나 다른 투자물(은행 상품 등)로 자금이 이동하므로 위험 종목인 성장주 위주로 주가가 하락하는 모양새가 연출될 수 있다.

즉, 시장은 다음 같은 상황을 예견하고 있다.

보복 소비 → 경기 회복 → 슈퍼 부양책·유동성 → 인플레 압력 → 국채 금리 상승 → 금리인상

하지만 이에 대해 연준은 꾸준한 경기 활성화로 인해 인플레가 지속되어야만 금리를 인상한다며 시장 심리를 달래고 있다. 그리고 꾸준한 경기 활성화와 인플레 지속은 결국 투자, 고용, 소비가 살아난다는 것을 의미한다. 그렇다면 코로나 종식 후 실제 투자, 고용, 소비가 살아나서 중장기적으로 경기가 회복될 것인가? 단기간 금리의 변화를 논하는 것보다 이 질문에 답하는 것이 더 큰 맥락을 짚는 데 도움이 될 것이다.

금리가 인상된다고 경제위기가 올까

결론부터 말하자면, 미 중앙은행은 언젠가 금리를 올려야 할 것이다. 코로나 때문에 시중에 풀린 유동성을 회수해야 하기 때문이다. 코로나로 풀린 유동성은 증시, 비트코인 등의 금융자산물로 향했고 거기서 몸집을 키워 시장에 쏟아져 나오게 될 것이다. 코로나 종식으로 경제 정상화가 이루어질 경우, 만약 저금리를 유지하면 '하이퍼 인플레(극심한 물가 상승)'가 올 수도 있다.

하이퍼 인플레는 경제에 큰 부담이 되므로 중앙은행에서는 이를 막기 위해 점진적 금리인상을 고려해야 할 것이다. 그리고 금리인상 이후, 위기가 올 수도 있다고 판단하는 시나리오는 다음과 같다.

보복 소비 → 경기 회복 → 슈퍼 부양책·유동성 → 인플레 압력 → 장기 국채 금리 상승 → 경기 회복·인플레 지속 → 금리인상 단행 → 투자 수요 감소 → 증시 하락 → 금리인상에 따른 부채위험 기업·가구 타격 → 경제 타격(달러 강세 → 환율 상승 → 증시 부담 등)

그런데, 금리가 인상되면 정말 위기가 올까?

우리는 '금리인상'에 대해 부정적인 시각을 가지고 있다. 과거 1998년 IMF 외환위기, 2008년 세계 금융위기 시절 금리인상으로 경제위기를 체험했기 때문이다.

특히 외환위기 당시는 외환 유출을 막기 위해 급격하게 인상한 탓에 기업, 민간 할 것 없이 피해와 규모가 컸다. 30대 기업 중에 무려 16개 기업이 무너졌다. 그 때문에 많은 직장인들이 하루아침에 일자리를 잃었다.

그런데, 당시 금리인상과 현재 금리인상은 조금 결이 다르다. 외환 유출로 금리가 인상되는 게 아니라 경기 회복 혹은 호황이 지속되었을 때 금리가 올라가는 것이기 때문이다.

다시 질문을 던진다. 금리가 인상되면 정말 위기가 올까?

현재 상황에서 금리가 인상되면, 당연하게도 단기적으로 시장에 발작을 일으킬 수 있다고 본다. 코로나 카운터펀치로 급소 맞고 쓰러진 사람에게 저금리 모르핀을 여러 개 꽂아놓고 버티게 했는데, 상태가 호전되는 걸 보고 주삿바늘을 빼면 환자는 발작하지 않을까? 그러면 의사(연준)는 모르핀을 다시 꽂기도 할 것이고, 상황을 지켜보다가 호전되면 다른 주사를 또 거둬들일 것이다.

결국 현재 시점에서 진짜 금리인상이 단행된다는 것은 환자가 병원에서 퇴원할 만큼 경제 정상화가 이루어졌다는 증거다. 과거 위기 상황이라고 잔뜩 움츠려 있었을 때 오히려 증시가 상승한 사례가 있으니, 바로 제2차 세계대전 이후다. 제2차 세계대전 당시 군수품 제작, 조달 등 민간 부분의 생산과 투자 및 고용이 늘어나 결과적으로 경제 호황을 맞이했다. 또한 산업혁명의 기술을 실전에 투입해서 더 큰 기술 진보를 가져왔고, 전쟁 이후 이 기술을 산업에 적용해 대중의 소비를 이끌어냈다. 1945년 전쟁이 끝날 당시 미 중앙은행은 금리인상을 단행했고, 시장은 조정을 받았으나 이후 12년가량 경제 호황과 증시 상승을 경험하게 된다.

마지막으로 질문을 던진다. 금리가 인상되면 정말 위기가 올까?

확실한 점은 금리가 조금씩 오를 때마다 시장은 크게 발작하리라는 것이다. 이를 하락 시그널로 볼 것인가? 조정으로 볼 것인가? 진짜 답은 결국 통화나 재정을 보고 판단할 게 아니라 시장이 정말 회복될 것인지를 봐야 한다. (ex. 고용지표, 임금 인상률 등)

그리고 그 시장이 실제로 회복될 것인지에 대한 답은 현재 새롭게 태생하고 있는 디지털 산업들(반도체, 베터리, 전기차, 빅데이터, 플랫폼 사업 등)이 정말 발전하고 있는지를 보면 알 수 있다. 이 산업에서 추구하는 비전이 실제로 시장에 팔린다면, 제2차 세계대전 이후의 미국 증시와 같은 그림으로 갈 수 있다. 반면 이 산업에서 추구하는 비전이 시장에 팔리지 않는다면, IT버블과 같은 그림으로 갈 것이다. 참고로 G10 국가들은 누구보다 빨리 디지털화된 국가로 전환하기 위해 경쟁 중이고 거기에 재원을 쏟아붓고 있다.

현재와 같이 유동성이 넘쳐나는 시장에서는 너도 나도 모두가 투자자가 된다. 하지만 경기가 하방 압력을 받고 떨어지게 되면, 너도 나도 투자에서 빠져나오게 된다. 대다수는 이런 장을 폭락·불황으로 바라본다. 반면, 투자자는 조정·기회로 바라본다. 자본 시장을 바라볼 때 시장을 두려워하기보다 기회로 마주하는 투자자가 많아지길 바란다.

자본 체력

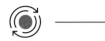

진정한 의미의
성인식

언젠가 출산을 앞둔 후배와 식사를 하던 중 나온 이야기다.

"선배는 출산 당시에 아이를 위해 어떤 걸 준비하셨어요?"

"어떤 거?"

"저는 뭘 준비해야 할지 몰라서요. 그냥 노하우 같은 거 아무거나 다 듣고 싶어요."

"음….."

그 후배는 육아 용품이나 출산 후 스트레스 해소 방법과 같은 말을 듣고 싶었겠지만, 나는 후배를 아끼는 마음에 다른 이야기를 했다.

"노하우인지는 모르겠는데, 너 혹시 자녀 증여 생각해 본 적 있어?"

"증여요? 아니요!"

"그럼 증여하는 노하우를 알려줄까?"

"하하, 아니요. 증여는 돈 있는 사람이 하는 거잖아요. 저희는 돈 그렇게 많이 없어요."

증여는 돈이 있어야만 할 수 있는 게 아니라고 말해봤지만, 그 후배는 자녀에게 증여할 돈이 있으면 차를 바꾼다면서 웃고 넘어갔다.

자녀 증여가 반드시 필요한 이유

'성년의 날'을 인터넷에 검색하면, 성년의 날 선물이 가장 먼저 나온다. 그 밑으로는 '사회인으로서의 책무를 일깨우며, 성인으로서의 자부심을 부여하기' 등의 사전적 의미가 보인다.

유대인 사회에서는 아이가 13세가 되면 '바르 미츠바'라는 성인식을 치른다. 단순한 성인식이 아니라 우리나라의 결혼식과 같은 큰 예식으로 여겨진다. 이 날 부모와 친척들이 모여서 축하해 주고 돈 봉투(축의금)를 전달하는데, 중상층의 경우 약 4만 달러, 한화로 계산하면 4,000만 원이 넘는 금액을 어린 나이에 받게 되는 셈이다. (참 똑똑하다.)

그리고 그 돈을 그냥 소비하는 게 아니라 어떻게 운용할지 성년이 된 당사자가 발표하고, 이후 자산 증식을 위해 투자를 시작한다. 물론 그전부터 학교에서나 부모에게서 금융 교육을 철저히 받는다.

반면 우리나라는 어떨까. 보통의 경우 성인이 되었다는 의미를 '술과 담배를 시작할 수 있는 합법적인 나이가 되었다' 정도로만 생각하지 않을까? 성년의 날 의식이 장미꽃과 여러 상술에 물든 선물을 자녀에게 선물해 줄 뿐이라는 게 안타깝기만 하다.

다시 지인의 이야기로 돌아가서, 증여는 꼭 돈이 있어야만 할 수 있는 게 아니다. 오히려 돈이 없으면 없을수록 관심을 가져야 한다. 나 역시 아이가 태어나자마자 증여를 했다.

미성년일 땐 10년마다 최대 2,000만 원, 21세~30세 동안 최대 5,000만 원까지 비과세이다. 그리고 31세 이후로는 10년마다 비과세이다. 따라서 자녀가 결혼할 즈음인 31세가 되면, 최대 1억 4,000만 원까지 별도 세금 없이 증여가 가능하다. (미성년 4,000만 원+성년 1억 원)

비과세 증여 가능 금액

<u>1~10세</u> 2,000만 원

<u>11~20세</u> 2,000만 원

<u>21~30세</u> 5,000만 원

<u>31세~</u> 5,000만 원(10년마다)

여기서 기억할 점은, 미리 증여를 해두면 자녀의 주식 계좌로 얻은 수익 또한 세금이 붙지 않는다는 것이다. 즉, 1억 4,000만 원의 주식을 증여했는데, 수익이 나서 평가금액이 3억 원이 되어도 1억 6,000만 원의 수익은 비과세가 된다는 이야기다.*

그러므로 나는 돈이 없을수록 만들어서라도 증여해야 한다고 생각한다.

● 증여 방법은 '홈택스'를 이용하면 된다. 또한 주식의 평가이익에 대해서는 비과세지만 자녀 명의로 잦은 매수 및 매도 거래가 있으면, 미성년 자녀가 직접 거래했는지 여부를 소명하는 조사 대상이 될 수도 있다는 점을 유의해야 한다.

또한 자녀 증여를 위해 주식투자를 하면 다음과 같은 이득도 얻을 수 있다. 첫째, 자녀 주식을 통해 장기 투자할 수밖에 없다. 따라서 장기적으로 어떤 기업이 성장성 있고 건전한지 검토할 수 있다.

둘째, 적립식으로 주식투자하는 습관을 부모가 먼저 기를 수 있게 된다. 종종 전문 트레이더가 아닌데도 단기 투자를 중심으로 하여 하루 종일 거래창을 들여다보면서 시간을 쏟는 경우를 보곤 한다. 단기매매는 장단점이 있지만, 사실 전업 투자자가 아닌 이상 단점이 많다. 따라서 자녀 증여를 통해 적립식으로 주식을 매수해 둔다면, 안정적인 장기 투자 습관을 몸소 익히게 된다.

셋째, 자녀가 초등학교에 들어가면 어릴 때부터 투자 경험을 쌓게 할 수 있다. '네 앞으로 주식 계좌가 있으니 네가 투자할 기업을 알려주면 엄마 아빠가 투자해 줄게'라고 일러두면 좋다. (생일 같은 기념일에 같이 투자를 시작해도 좋다.) 그러면 자연스럽게 자녀와 함께 경제와 금융에 대해 배우고 실천할 수 있다. 그 순간 바로 금융 코칭이 이루어지는 것이다. 어떤 분은 자녀의 주식 계좌를 자녀 선택 50%과 부모 선택 50%로 운영한다고 한다.

"아빠! 나는 스타벅스에 투자할 거야!"

"왜?"

"엄마 아빠가 매일 마시잖아! 돈 많이 벌 거 같아."

이처럼 대화가 경제 관련 주제로 자연스럽게 넘어가며 힘들이지 않고 투자 교육을 할 수 있다.

나는 후배에게 지금까지 말한 내용을 정중히 설명하고 다시 증여를 권했다. 그러자 그 후배도 진지하게 듣더니 이내 마음을 바꾸고 훗날 증여를 했다고 알려왔다. 지금부터라도 우리는 가족과 자녀를 위해 자본, 그리고 그것을 활용하는 법에 대해 제대로 배워야 한다. 다시 말하지만, 자본주의 사회에서 자본을 모르면 숨을 쉬지 않겠다고 다짐하는 것과 같다.

자본 시대, 자녀에게 해주는 새로운 교육

'트레이닝'과 '코칭'은 다른 교육·학습법이다. '트레인Train'은 기차이고, '코치Coach'는 마차를 의미한다. 즉, 트레이닝Training은 자녀를 기차선로와 같은 정해진 궤도에 올려놓는 교육 방식이다. 정해진 속도로 정해진 궤도를 이탈하지 않고 목적지까지 안전하게 가도록 가이드하는 것이 바로 트레이닝이다. 우리나라 사교육 시스템과 흡사하다.

반면 코칭Coaching은 마차를 조종하는 법을 가르치고 자율성을 주는 방식이다. 궤도가 없기 때문에 채찍으로 말의 속도를 스스로 조절해야 하고, 목적지까지 가는 건 마부의 힘과 의지에 달렸다.

나는 무엇이 옳고 그르다는 논쟁은 소모적이고, 이 두 가지 방법을 적절하게 활용해야 한다고 생각한다. 그렇다면 무엇을 트레이닝하고 무엇을 코칭해야 할까? 우리나라 교육열은 알다시피 전 세계 톱클래스에 속한다. 자식 교육을 위해 부모의 희생이 따르더라도 학군지로 이동하는 맹모를 욕하는 사람은 거의 없다. 오히려 그들을 재력이 있거나 현명하다고 생각한다. 그 결과로 만들어진 지표는 다음과 같다.

사교육 의존도 세계 1위[*]

학업성취도 OECD 1~5위

학생 문제해결 능력 OECD 최상위권

고등교육 이수율 OECD 1위

앞서 설명한 트레이닝·코칭 중 트레이닝 방식으로 만든 결과다. 궤도와 시스템이 안정적으로 잘 갖추어져 있고, 목적지가 명확하기 때문에 트레이닝 방식이 효과적인 결과를 보였다.

그러나 그 기차는 '수능'이라는 종착역에서 멈춰 선다. 누구보다 빠르고 안전하게 종착지까지 왔는데, 그곳이 최종 목적지는 아니었던 것이다. 많은 학생들이 꿈을 품고 사회에 나왔지만, 현실은 보다 냉혹하다. 그 결과 다음과 같은 결과가 나오게 되었다.

노동 시간 3위

자살률 1위 (37분에 1명꼴)

노인 빈곤율 1위

가계소득 격차 36개국 중 32위
(OECD 기준)

수능을 위한 교육 방식은 분명 트레이닝 방식이 효과적이다. 하지만 이 사회는 자본주의 사회이다. 좋은 대학에 가서, 좋은 직장을 갖

● 남기곤(2018), 사교육 의존도 세계 1위, 한국 교육의 민낯(나라경제 2018년 02월호), KDI 경제정보센터

는 것도 중요하지만 그에 못지않게 중요한 힘이 바로 금융 능력이다.

자본주의 사회에 살면서, 공교육을 받는 12년간 누구도 이곳에서 사는 법을 트레이닝해 주지 않았다. 왜냐하면 그런 교육 시스템 자체가 없기 때문이다. 자본 교육에 트레이닝이 없다면, 그리고 그 방식이 무용하다면, 우리의 자녀에게는 코칭을 해야 한다. 그리고 그 코칭은 가진 경험이 있어야 가능하다. 자녀에게 알아서 배우라고 시키는 게 아니라 부모가 먼저 체득하고 그 경험 지식을 자식에게 전수하는 것이다.

많은 분들이 온라인에서 자녀 금융 교육을 어떻게 해야 하는지 문의한다. 사실 정도正道는 없다고 생각하지만, 가장 좋은 교육은 부모가 직접 선행하는 게 아닐까 싶다.

직접 공부하고 실천해서 투자하고 거기서 얻은 자신만의 철학이 있다면, 그 자체가 자녀에게 물려줄 큰 유산이자 자산이 아닐까. 부모가 자본·금융에 관심이 많고 평소 부부 사이에 그런 대화가 많아지면 자녀도 자연스럽게 따라서 배우게 된다고 믿는다.

하지만 여기서는, 그것과 별개로 자본·금융의 기초 지식을 어떻게 쌓을 수 있을지 어느 정도 해결할 수 있는 방법을 추천한다. 바로 금융감독원 금융교육센터에서 배포하는 교재다. 초·중·고·대학생 그리고 성인까지 나름의 커리큘럼을 가지고 만든 교재를 무료로 배포하고 있다. 직접 읽어본 결과 다소 아쉬운 부분이 있지만, 없는 것보다는 확실히 낫다.

교재 신청 방법

1. 금융교육센터 사이트에 접속한다. (http://www.fss.or.kr/edu)
2. 회원가입을 한다.
3. 가입 및 로그인한 후에 홈에서 '금융교육 교재신청'을 클릭한다.
4. '금융교육 교재신청' 페이지에서 원하는 커리큘럼을 선택한다.
5. 커리큘럼에 있는 교재를 선택하여 '신청하기'를 클릭한다.
6. 신청하기 세부 페이지에서 '개인정보 수집 및 이용 동의'를 체크한다.
7. 신청자 정보를 작성한다. (신청 사유 필수 작성)
8. 마지막으로 '신청하기'를 클릭한다.

이제 교재 신청이 완료되었다.

만약 여러 권을 신청하려면 각각 따로 신청해야 하는 번거로움이 있다. 간혹 재고 부족이 발생하기도 하는데 이럴 경우 금감원 금융교육센터에 민원으로 문의하는 방법이 있고, 아니면 이러닝 과정에 똑같은 교육 과정이 있으니 참고하면 된다.

다만, 개인적으로 어린 자녀의 동영상 시청은 최대한 지양하기 때문에 재고가 없는 교재는 PDF를 다운받아 프린트하여 교육하는 것을 더 추천한다.

출처 : 금융감독원 금융교육센터 홈페이지(www.iss.or.kr/edu)

4

돈을 부르는
삶의 방정식

부자 습관,
가난한 습관

지금까지 정말 많은 사람들을 만났다. 일 때문이기도 하고, 성격 때문이기도 하다. 과거엔 인적 네트워크를 확장하려 했다면, 이제는 인적 네트워크를 정리하고 집중하려고 한다.

그동안 다양한 사람들을 만나오면서 많은 것을 깨닫고 느끼고 또 배웠다. 내가 만난 수많은 이들을 보면, 부자 그룹에 있는 사람들의 공통점이 있고 빈자 그룹에 있는 사람들의 공통점이 따로 있었다. (그리고 중간 그룹은 이 둘을 다 가지고 있었다.)

부자가 옳고 빈자가 옳지 않다는 논쟁이 아니라, 그들의 공통점에는 어떤 것이 있는지 고민해 보고 자신을 돌아본다면 앞으로의 마음가짐과 행동 방향을 설정하는 데 도움이 되리라 믿는다. 다음 내용을 함께 살펴보자.

자본 체력

부자 습관

부자 그룹은 크게 두 부류로 나뉜다. '자수성가형'과 '상속형'이다.

먼저 자수성가형 부자들의 공통적인 특징은 첫째, 단도직입적이라는 것이다. 가끔 어떠한 거리낌도 없이 단도직입적으로 말하는 통에 무례할 법도 한데 그들에게서는 어쩐 일인지 무례함이 느껴지지 않는다(이것도 능력이다).

그들은 목적과 용건이 명확해서 대화할 때 질질 끄는 일이 거의 없다. 일반적으로 잘 물어보지 않는 주제에 대해서도 훅 하고 정곡을 찌르는 질문을 해서 본질을 파악하는 능력이 있다. 가령 이런 식이다.

"무슨 일 하세요?"

"자산 규모가 어떻게 돼요?"

"할 수 있어요, 없어요?"

"본인이 원하는 게 뭔데요?"

"그래서 뭘 준비하고 있죠?"

이들이 이렇게 말하는 이유는 당신의 배경을 캐서 무례하게 굴려는 의도가 아니다. 되도록 본질적인 이야기만 하고 싶어서다. 본질이 담긴 이야기를 통해 실질적인 결과물을 보고 싶기 때문이다. 이들에게 시간은 돈이기 때문에 굳이 돌려 말하지 않는다.

둘째, 추진력이 강하다. 말이 떨어지기 무섭게 바로 추진하고, 일을 빠르고 시원하게 해치우는 경향이 있다. 예전에 지인이 집을 계약할 때 따라가서 어깨 너머로 배운 적이 있는데, 눈앞에서 호가가 1억 넘게 올라가도 바로 계약하는 모습을 목격했다. (4년 전 한남동 재개발 물건이었다.)

이들이 무엇인가 요청을 하거나 제안을 했다면, 그리고 그것에 대해 제안받은 사람이 동의를 했다면, 그 일은 반드시 그리고 빠르게 실행된다. 이들의 말이 계획에만 머무는 경우를 거의 못 봤다.

셋째, 실질적이고 실리를 따진다. '좋은 게 좋은 거잖아요' 같은 일은 없다. 진짜 돈이 되는지 주판 알을 제대로 튕긴다. 실질적인 선택 앞에 마주하는 일이 많다 보니 가끔 예민하거나 날카로운 성향도 있다. 그리고 실리를 따지기 때문에 정말 꼼꼼하다. 그래서 디테일에 강한 면도 있다.

자수성가형 부자에게 내가 전체적으로 배운 점은 '부를 창출하는 습관'이다. 그들은 시간을 철저하게 관리하고 사용한다. 본질을 파악하고 실리적이며 구체적으로 따지는 경향이 있다. 일을 미루지 않고 선택의 순간에 주저하지 않는다. 이런 습관들이 그들에게 부를 안겨 줬다고 미루어 짐작하게 한다.

한편 부자 중에는 스스로 성공한 자수성가형뿐만 아니라 부모의 재력을 물려받은 상속형 부자도 있다. 상속형 부자의 일반적이고 공통적인 특징은 대체로 잘 웃고 예의 바르다는 점이다. (그 웃음이 거짓일지라도 말이다.) 욱하는 성격은 거의 보지 못했다. 대체로 침착하고 차분한데, 어떤 기회나 선택의 순간에는 주저함이 없다. (이게 정말 특이할 만큼 공통된 특징이었다.)

순박해 보였던 사람이 정말 큰 기회가 오면 눈빛이 날카로워지고 저돌적으로 변한다. 그런 측면에서 봤을 때 원래 순박하거나 젠틀한 성격이 아니더라도, 그런 모습을 갖추도록 잘 교육받았다는 것이 더 옳은 표현이겠다.

또한 베푸는 데 주저함이 없고, 써야 할 때 크게 쓴다. 반면 받을 땐 적은 돈도 꼼꼼하게 받는 편이다. 만약 상대가 줘야 할 돈을 주지 않으면 직접 따지지는 않고 그 사람을 조용히 손절한다. 속을 잘 드러내지 않고, 새로운 관계를 맺을 때 '아니다' 싶은 사람은 굳이 만나지 않는다.

그들은 생각하는 방식이 조금 다르고, 지금과 같이 부동산이 인기 있기 전부터 건물에 투자하러 다녔다. 아마도 부모의 영향이었다고 짐작한다. 일보다는 투자에 흥미를 많이 느끼는 경우가 많다. 전체적으로 모든 면에서 '여유롭다'라는 느낌을 강하게 받았다. 자수성가형 부자에게 부를 창출하는 습관을 배웠다면, 상속형 부자에게는 '부를 유지하는 습관'을 배웠다.

그들의 젠틀하고 예의 바른 자세는 주변에 적을 만들지 않는다. 부를 창출하기 위해서는 적을 밟고 일어서야 하는 반면, 부를 유지하기 위해서는 적을 두지 않는 게 효과적이라는 사실을 부모를 통해 배웠을 것이다.

또한 그들은 필요할 때는 진짜 역량을 집중해서 투사처럼 돌진한다. 겉으로 조용하고 젠틀해 보일 뿐 그들의 내면에는 강한 야수가 자리하고 있다. 외유내강이라 할 수 있겠다. 쓸데없이 인적 네트워크를 확장하지도 않는다. 필요한 곳에만 집중한다. 이런 자세는 우리의 자본력을 유지하는 데 큰 도움을 줄 것이다.

가난한 습관

이제 빈자 그룹을 살펴보겠다. 그들의 공통점 중 몇 가지를 조심스럽게 적어본다. 여기서 조심스럽다는 의미는 아래와 같은 특징의 사람들이 무조건 다 빈자라는 뜻은 아니기 때문이다. 일반화의 오류가 있음을 인정하며 시작한다.

첫째, 과거에 젖어 산다(후회한다). 옛날이 좋았다며 철없던 시절의 친구들을 불러내 여전히 철없이 술에 취해 노는 것을 좋아한다. 옛날이 좋았다는 말은 현재가 불행하다는 이야기이며, 성장하지 못한 채 계속 그 자리에 머물고 있다는 것을 의미한다.

둘째, 시간 관리를 하지 않는다. 남는 게 시간이라는 말을 자주 쓴다. 계획이 없으니 시간이 남고, 시간이 남으니 게임, 유튜브, SNS를 하면서 그 시간을 말 그대로 죽인다(그야말로 '킬링 타임'이다). 그리고 나중에 중요한 걸 놓치고 나서 말한다. "시간이 없었다"고.

셋째, 약속을 자주 어긴다. 약속을 해도 제시간에 나타난 적이 거의 없다. 30분이나 늦어도 미안하다는 말이 먼저 나오지 않고 왜 늦을 수밖에 없었는지 상대를 설득시키려 한다. 한 번은 초범, 두 번은 재범, 세 번부터 상습범이다. 한두 번은 이해한다 해도 상습범처럼 어기는 사람은 더 이상 신뢰가 가지 않는다. 이런 사람은 결국 주변의 좋은 사람이 다 떠나간다.

넷째, 감정적이다. 실리적이지 않고 감정적으로 행동하는 경향이 크다. 특히 합리적 소비보다 감정적 소비를 더 많이 한다. 그리고 자

자본 체력

신에게 관대하고 스스로를 잘 용서한다.

다섯째, 선택 혹은 실행하지 않는다. 일이 주어져도 뒤로 미루고 선택이 앞에 있어도 뒤로 미룬다. 다짐을 하거나 계획은 잘 세우는 경우도 있다. 새로운 다짐을 하는 것만으로 의욕이 샘솟기 때문에 이미 반은 이룬 것 같아 기분도 좋다. 하지만 안타깝게도 그것을 실천으로 옮길 때가 드물다. 앞서 자수성가형 부자는 이런 선택지가 주어지면 고민의 시간은 깊게 가지되 최대한 빠른 선택을 하고 실행에 옮긴다. 거기서 잘못되더라도 실패라고 생각하지 않고 바로 반성하고 방향을 수정한다. 그러다 보니 부자들은 성큼성큼 저만치 앞서 있다.

정리

앞서 살펴본 부자와 빈자의 특징을 무조건 일반화하는 데는 무리가 있다. 부자 그룹에도 빈자의 습관이 묻어 있는 사람이 있고, 빈자 그룹에도 부자의 습관이 묻어 있는 사람이 있다.

나 또한 부자의 습관과 빈자의 습관을 함께 갖고 있는 사람이었다. 현재는 빈자의 습관 중에서도 나쁜 습관들을 툭툭 털어내고, 부자의 습관 중에서도 좋은 것들을 몸에 담고 실천하려고 노력 중이다.

빈자의 습관이 있는 부자는 앞으로 부를 지속하고 유지하기 어렵다고 생각된다. 반대로 부자의 습관이 있는 빈자는 앞으로 부를 쟁취할 가능성이 높다고 할 수 있겠다.

부자가 무조건 옳고 빈자가 무조건 나쁘다는 이분법적인 논쟁은 미리 사양한다. 다만, 부자는 빈자보다 자본을 성장시키며 나아간다는 말에 동의한다. 그렇기 때문에 부의 습관을 길러야 한다고 믿는다.

마지막으로 하나 더. 무엇보다 내가 소중히 하는 사람들이 잘되기를 진심으로 응원하고 바라야 한다.

'척'이 아니라 '진심'으로.

진심은 마음으로 통한다. 내가 진심을 보일 때 상대도 진심으로 다가온다. 나 혼자 잘난 것도 없고, 나 혼자 성공하는 것도 없다.

속된 말로 '성공한 사람'을 보면, 혼자 성공한 게 아니라 주변에 똑같이 성공한 사람들이 있었다. 단지 스포트라이트가 오직 그 사람을 비췄을 뿐이다.

한 사람이 성장하면, 다른 주변 사람은 자극을 받아 또 성장한다. 이런 상황에서 서로 견제하면 다 같이 무너진다. 서로 진심으로 도와주고 응원하면 시너지가 생겨 함께 성장한다. 그러니 주변에 잘되는 사람이 있다면 진심으로 응원해야 한다.

또한 본인이 잘되고 있다면 그건 주변 인물의 덕으로 알고 그들을 아껴야 한다. 성공 혹은 성장한 사람들 주변을 자세히 보라. 함께 성장하고 있거나 이미 성장한 사람들이 분명히 있다.

부자 되는 길을 막는
세 걸음

부를 이루는 과정에서 우리가 흔히 하는 실수 세 가지가 있다. 지금부터 하나씩 살펴보고 자신에게 해당되는 점이 있는지 돌이켜보자.

첫째, 습관적 서열화

"우리가 어떤 민족입니까?"라는 질문에 나는 "우리는 서열의 민족입니다"라고 답할 것이다. 우리는 자식이 태어나면 '키, 몸무게 상위 몇 퍼센트'와 같이 자녀의 위치를 꾸준히 확인한다. 그리고 초등학교에 입학하면, 공교육을 받는 동안 아이는 철저하게 성적순으로 등급을 부여받는다. 이 등급은 고3이 되면 정점을 맞이한다.

현대판 과거 제도인 수능을 치루면서 그 아이의 중장기적인 사회에서의 등급이 확정된다. 그러나 대학에 가서도 서열화된 대학 순위에서 또 성적순으로 치열하게 경쟁한다. 원하던 대기업에 취업해도 기업 순위나 연봉 순위를 따진다. 결혼, 중매 시장에서도 대학, 직업, 자산, 외모 등을 종합적으로 평가해서 결혼 적령기의 남녀가 또 다시 등급표를 받는다.

심지어 국보, 보물마저도 서열화되어 있는 나라가 한국이다. '국보 1호'라는 타이틀은 일제강점기 시절 관리 번호에서 비롯되었는데, '1 호'는 훈민정음이어야 한다는 서열 논란이 60년간 지속되었다. (그러다 최근 문화재 지정 번호를 없애는 법안이 통과되어 결국 모든 문화재에 번호 자체를 없애기 로 결정했다. 대부분의 나라에서도 문화재를 서열화하는 나라는 없다.)

이처럼 우리나라 사람들은 태어나고, 학교에 다니고, 취직하며 결혼하는 그 순간까지 시열화된 숫자 등급 속에서 살다가 결혼 후에 드디어 '집'에 정착하게 된다.

그렇다면 이제 서열화가 끝난 것일까? 물론 아니다. '집이 있냐 없냐'부터 시작해서 1급지, 2급지, 3급지 등으로 사는 곳에 순위를 매기기 시작한다. 사는 곳의 급지 성적표가 올라올 때마다 논란은 거세다. '저 지역은 너무 과대평가됐다, 우리 지역은 너무 과소평가됐다, 순위를 올려라! 아니, 내려라!'

우리는 왜 이렇게 사는 곳마저 서열화하는 걸까? 그 이유는 단순하다. 이제까지 우리가 그렇게 서열화된 세상 속에서 너무도 당연하게 살아왔기 때문이다. 그래서 나의 현재 위치와 등급이 없으면, 어느새 불안감을 느낀다.

우리가 부지런한 민족이기에 이런 결과가 나왔다고 생각하지 않는다. 다 서열, 경쟁 속에서 살아온 탓이다. 이렇게 등급을 나누려 하는

자본 체력

모습은 경쟁 속에서 치열하게 살아왔던 모두에게 어쩌면 너무나도 당연한 것인지도 모른다.

그리고 우리나라 사람들은 자신의 현재 위치가 어디인지 무척 궁금해한다. 학창 시절부터 숫자로 된 성적표를 받아왔는데, 사회에 나와 보니 객관적으로 평가 내리는 곳이 없어졌기 때문이다. 그래서 사람들은 지금 내가 어디에 위치해 있는지 알고 싶어 한다.

이것이 바로 부를 이루는 과정에서 흔히 범하게 되는 '습관적 서열화'이다. 습관적으로 서열화하는 것은 이제까지 인생을 주체적으로 살지 못한 결과다. 다른 사람이 나를 인정해 주고 나에게 등급을 부여해 줘야만 안정감을 찾는 것이다. 이런 부류는 부를 이루어도 이루었다고 이야기할 수 없다. 매번 경쟁에서 살아남기 위해 서열화 과정에 자신의 몸을 내던지고, 남을 깎아 내려서 밑에 두어야만 하기 때문이다. 급지를 나누고 평가하는 것은 다주택자들이 투자 관점에서 참고할 지표일 뿐, 내가 살 집 한 채가 속한 급지로 자신의 인생을 평가받으려 해서는 안 된다. 습관적 서열화에서 벗어나야만 주체적 삶을 살면서 진정한 부의 길로 들어설 수 있다.

둘째, 목표 없는 목표 설정

2020년 한 설문조사에서 부자가 되고 싶은 사람들에게 물었다. "최종 자산, 순자산의 목표가 있는가? 30억? 아니면 50억 정도?" 이에 "100억 정도"라는 답변이 돌아왔다. 그런데 사실 목표에는 '정도'가 있어선 안 된다. 명확하고 구체적이어야 실현 가능성이 높아지기 때문이다. 구체적으로 설정한 사람은 다음과 같이 말한다. 실제 지인의 계획을 예로 들어 설명하겠다.

목표 및 배경

나는 부동산을 제외하고 순자산 30억 원이 목표다. 30억으로 연 2~3%의 수익을 꾸준히 유지하면, 연간 6,000~9,000만 원의 금융소득이 발생하므로 직장을 그만두더라도 경제적 자유를 얻을 수 있기 때문이다. 목표 기간은 10년 뒤로 설정한다.

현황 파악

현재 총자산이 20억 원이며, 순자산은 10억 원 수준이다. 현금성 유동자산은 1억 5,000만 원이다. 노동소득은 연봉 세후 8,000만 원 수준이며, 부부 합산소득 1억 2,000만 원이다. 생활비, 자녀교육비, 대출상환 등 고정 지출을 제외하면 실제 저축, 투자 가능 금액은 연 6,000만 원 수준이다.

10년간 단순히 저축만 했을 경우 10년 뒤 자산은 6억 원이 늘어난 16억 원 정도가 된다. 목표 금액인 순자산 30억 원에 14억 원이 부족하다.

추진 방향

근로소득 50% + 사업소득 30% + 자본소득 20%

주요 계획

먼저 근로소득으로 몇 년 동안 목표 금액의 일부를 모으겠다. 또한 파이프라인을 발굴해서 추가로 사업소득을 만들어내겠다. 금융·자본소득 중 주식은 국내·해외로 배분하고, 달러는 적립식 포트폴리오를 가지고 15년 안에 20억 원을 추가로 만들겠다. 세부 계획은 다음과 같다. (…)

명확하고 실현 가능성이 있는 목표가 있어야만 위의 사례처럼 구체적인 계획을 수립할 수 있다. 하지만 이렇게 준비하는 사람은 거의 보지 못했다. 정리하자면 아래와 같은 질문과 계획이 있어야 실제로 목표를 달성할 가능성이 높아진다.

목표 금액은 어떻게 산정되어 나온 것인가?
그걸 달성하기 위한 소득 계획은?
금융·자본소득을 강화할 것인가?
파이프라인을 추가할 것인가?
근로·사업소득에 집중할 것인가?
아니면 이들을 적절하게 배합할 것인가?

우리는 여태껏 부에 대한 진지한 물음과 답변을 하지 않았기 때문에, 대부분 부자라는 정성적 목표는 있지만 실제 자본에 대한 정량적 목표 설정은 제대로 하지 않았다. 지금부터라도 목표 없는 목표가 아니라 명확하고 구체적인 목표가 필요하다.

셋째, 결승선 옮기기

우리는 부자가 되길 원한다. 고귀한 말로 경제적 자유라고 하지만, 경제적 자유라는 건 결국 부자가 되는 것을 의미한다. 그런데 부자에 대한 인식이 사람마다 각기 다르다.

"총자산이 얼마 정도 있어야 부자라고 생각하십니까?"

한 언론사에서 실시한 '2020 당당한 부자 대국민 설문조사' 결과 35.7%의 사람들이 '총자산 10억 원 이상이면 부자'라고 인식하고 있었다. 총자산 10억 원이면 서울 아파트의 중간 가격에 해당한다. 어라, 너무 낮은 가격 아닐까?

그렇다. 연령대 상관없이 전 국민을 대상으로 한 설문에서는 총자산 10억 원 정도면 부자라고 판단하고 있었다. 여기엔 고령층과 소득 하위 가구도 모두 포함된다.

그래서 주요 생산 가능 인구이자 젊은층인 2040세대로 범위를 좁혀 질문했더니(2021년 잡코리아 리서치), 총자산 49억 원이 있어야 부자로 생각하는 것으로 나타났다. 범위를 더 좁혀서 부자들에게 물어봤다. KB경영연구소의 '2020 한국 부자 보고서'에 따르면, 부자들의 경우 총자산 기준 60억 원 이상일 때, 부동산 자산 기준 40억 원 이상일 때 부자라고 과반수가 답했다.

정리하면, 부자의 기준을 두고 전 국민 대상은 10억 원 이상, 젊은 세대는 49억 원 이상, 부자들은 60억 원이 있어야 부자라고 판단하는 것이다.

이제 사람들의 생각이 아닌 실제 상위 계층의 자산은 어느 정도인지 통계청의 객관적 데이터를 살펴보자. 통계청의 자료는 전 국민이 말하는 부자의 기준인 총자산 10억 원이 상위 10%에 해당한다고 답했다. (순자산 10억 원은 상위 7.2%, 국내 가구의 평균 총자산은 4억 4,000만 원이다.) 앞서 젊은층이 말하는 부자의 기준인 49억 원은 실제로 상위 1% 가구에 해당하는 수치였으며, 부자들이 말하는 60억 원 이상은 상위 0.5%에 해당하는 수치로 나타났다(상위 0.1%는 82억 원 이상 가구).

여기서 전체 국민이 생각하는 부자의 기준인 '총자산 10억 원'에 대해 어떤 이는 의문을 표할 것이다.

"내 주변 사람들은 갖고 있는 아파트 한 채만 10억 이상이고, 현금 자산도 몇 억씩 가지고 있는데 그럼 그들이 다 부자인가요?"

이 질문은 부자의 기준을 어떻게 정의하느냐에 따라 답이 달라진다. 전체 가구를 대상으로 상위 10%가 부자라고 한다면, 부자가 맞다. 하지만 대다수 사람들은 자신의 주변과 경쟁을 하기 때문에 체감하지 못한다. 내 주변이 대부분 상위 10%에 있는 사람들이라면, 그 사람은 그들의 상위 10%를 부자의 기준으로 잡는다. 따라서 전체 가구의 1%만이 부자라고 생각하는 것이다. 그리고 상위 1% 그룹은 또다시 그중 10%가 진짜 부자라고 생각한다. 즉, 전체 가구의 0.1%가 그들에겐 진짜 부자가 되는 것이다.

당신은 어디에 속해 있는가? 10% 그룹인가? 1% 그룹인가? 0.1% 그룹인가? 당신은 어느 그룹에 속했을 때 부자라고 느끼는가?

부를 이루는 과정에서 가장 많이 하는 마지막 실수는 바로 '결승선을 계속해서 옮겨놓는 것'이다. (《돈의 심리학》 저자 모건 하우절은 비슷한 말로 '골대 옮기기'라는 표현을 쓰기도 했다.) 결승선 옮기기란 최종 목표까지 도달

했는데 그 과정에서 만난 주변 인물을 보며 또 다시 목표를 상향 설정하는 것을 의미한다. 내가 자산 상위층으로 올라가면 올라갈수록 결승선은 계속해서 뒤로 멀어진다.

이 심리를 생산적이라고 할 수 있을까? 과연 무엇을 위해 경쟁하고 더 많은 돈을 얻으려 할까? 다른 사람이 정한 목표를 왜 내가 달성하려고 할까? 진지하게 답변해 봐야 한다.

주변에 의사, 교수, 로펌 변호사 등 남들이 선망하는 직업을 가진 지인들이 있다. 사람들은 그 직업을 가지고 그만큼 돈을 벌면 행복할 거라 믿는다. 그중에 실제로 행복한 이들도 있지만, 그렇지 않은 경우도 종종 본다. 결국 그 그룹에 속하게 되면, 자신의 주변을 보고 경쟁하기 때문이다. 그래서 일부는 다시 결승선을 저 멀리 밀어놓는다.

우리는 여전히 서열화된 세상에 살고 있다. 태어났을 때부터 그렇게 살아왔다. 또한 우리는 목표도 없이 목표를 세우며 살고 있다. 진짜 목표가 무엇인지, 어떻게 준비할지도 모른 채 우리는 목표를 이루어도 다시 결승선을 뒤로 밀어놓는다. 잠시 멈춰서 행복할 권리를 가지고 있음에도 불구하고.

진정한 부를 이루는 것과 진짜 부자가 되는 것은 어쩌면 내가 진짜 부자라고 느끼는 것에서부터 출발하지 않을까? '진짜 부자'는 남들이 만들어주지 않는다. 자산 상위 10%든 1%든 그건 타인의 시선에서 생겨난 타이틀이다. 타인의 시선으로 매겨진 등급이 아니라 내가 설정한 합리적 목표를 달성한 후에 만족하며 살 필요가 있다. 나에게 필요한 진짜 가치를 찾아 투자하는 사람이 진짜 부자가 아닐까?

세상에
공짜는 없다

포인트를 받고 대신 건네준 것

카페에 앉아 있는데 옆 테이블에 어느 어르신께서 공짜로 만 원을 벌었다며 좋아하셨다. 이야기를 들어보니 은행 앱을 설치하고 광고를 보면 현금성 포인트를 적립해 준다는 것이었다. 그 분은 이렇게 공짜로 돈을 벌 수 있다며 그 자리에 모인 다른 분들에게 그 앱을 추천하고 있었다.

궁금해서 해당 앱을 찾아봤다. 30초 광고 하나를 시청하면 약 20원 상당의 포인트를 제공받는 시스템이었다. 앞서 그 분은 만 원을 벌기 위해 500번의 광고를 본 셈이다.

광고 한 편당 30초가 소요되므로 결국 그 분은 4시간이나 광고 보는 데 소비했다고 볼 수 있다. 그리고 수많은 (의미 없는) 광고를 잠재의식에 쌓아두는 것은 덤일 것이다.

나는 순간 의아했다. 저 분은 이걸 왜 공짜라고 생각했을까? 최저임금에 훨씬 못 미치는 시급 2,500원을 받고 1시간을 쓴 셈인데 말이다.

또 언젠가 지인이 한 포털사이트에 영수증을 등록하면 공짜로 포인트를 준다며 꽤 쏠쏠하다고 말했다. 영수증을 주고 돈을 받는 게 과연 공짜일까? 영수증에는 나의 구매 정보와 내가 구매한 곳의 위치 정보가 함께 담겨 있다. 그리고 해당 포털 회사는 종이에 적힌 텍스트를 디지털화하는 기술을 가지고 있다.

즉, 포털 회사는 개인의 영수증을 통해 구매 정보와 위치 정보를 스캔한 후 디지털화하여 데이터 형태로 저장할 것이고, 향후 가공된 나의 개인 정보 데이터를 제3자에게 제공하거나 직접 비즈니스에 활용할 것이다.

그 밖에도 건강 앱들은 달린 거리를 측정해 사이버 머니로 돌려주기도 하는데, 이 역시 공짜인 것 같지만 우리가 걷고 뛴 위치와 개인 건강 정보를 그들에게 제공하여 대가를 받는 것이다.

우리는 이토록 공짜로 무엇인가 받고 있다고 생각하지만 사실 모든 것은 대가를 치르고 제공받는 것이다. 그 대가는 특히 우리의 '시간'일 가능성이 높다. 앞의 사례에서 본 카페의 어르신과 지인은 결국 기업에게 자신의 시간(그리고 시간을 써서 생긴 정보)을 내준 셈이다. 그렇기 때문에 그 대가가 타당한지, 교환 가치가 있는지 한 번쯤 고민하고 판단해야 한다.

가장 소중한 가치는 돈이 아니다

보통의 경우 우리는 시간을 당연히 주어진 것이라고 생각한다. 또한 시간을 자연스럽게 흘려보내는 것으로 여긴다. 그러니 앞의 어르신 사례처럼 시간을 내주었지만 공짜라고 믿는 것이다.

시간이 모두에게 동등하게 주어졌다고 해서 그것이 공짜라고 생각하고 함부로 대하면 안 된다. 시간을 단순하게 흘려보내지 않고 시간의 '총량'을 관리하기 시작하면, 나에게 주어진 시간은 사실 내 자산이었다는 중요한 사실을 깨닫게 될 것이다.

"나이키의 경쟁자는 닌텐도다"라는 말을 들어봤을 것이다. 닌텐도는 게임 회사이고 나이키는 스포츠의류 기업인데 어떻게 경쟁자가 될 수 있을까? 답은 바로 시간에 있다. 아이들이 노는 시간은 정해져 있기 때문에 그 시간 안에서 게임을 할지 농구를 할지 서로 경쟁한다는 것이다. 결국 동종 업계가 아닌 기업들마저도 소비자의 시간을 두고 치열하게 경쟁하고 있다는 사실을 알 수 있다.

유튜브 역시 상대방의 시간을 활용해 광고를 보게 하는 엔터테인먼트 산업에 가깝다. 그러므로 시청자의 소중한 시간을 통해 수익을 얻고자 하는 유튜버들은 자극적이거나, 즐거움을 주거나, 유익한 정보를 제공해야만 살아남을 수 있다. 그럴 만한 가치가 있어야 대중에게 선택받을 수 있기 때문이다. 시청자의 시간은 유한하고 그 시간은 사실 돈보다 더 소중한 자산이라고 할 수 있다.

시간을 관리하는 사람

우리는 시간을 '흐름'으로 이해하곤 한다. 안타깝게도 소수만이 시간을 '관리'한다.

"지금 그거 할 여유 없어."

"시간이 없어."

이런 말을 하는 사람 중에 실제로 그걸 할 시간이 없어서 못 하는 사람은 많지 않다. 같은 상황에서 같은 과제가 주어져도 어떤 사람은 끝까지 해내지만, 어떤 이들은 시간이 부족했다고 변명한다.

그렇다면 그들은 왜 시간이 부족할까? 시간을 관리하지 않고 흘려보냈기 때문이다. 누군가가 무의미하게 시간을 흘려보낼 때, 다른 누군가는 그 시간을 자산처럼 관리하고 있다.

애플의 스티브 잡스가 검은 터틀넥만 고집하고, 페이스북 창업자 마크 주커버그가 회색 티셔츠만 입는 이유는 옷이 없어서 혹은 패션 감각이 떨어져서가 아니라 옷을 고르는 데 드는 시간과 노력을 절약해서 다른 곳에 쓰기 위함이다. (물론 기업가이므로 상징성이나 퍼스널 브랜딩의 이유도 있다.) 옷이란 게 본디 타인과 나를 구별 짓게 하는 도구인데, 그런 유명한 경영자들은 그럴 필요가 없다. 이미 아이덴티티가 확고하게 자리 잡혀 있기 때문이다. 그런 그들에게 중요한 것은 바로 시간이다.

부자의 시간은 다르게 흘러간다

워런 버핏과 우리에겐 똑같은 시간이 주어지지만, 버핏의 1분과 우리의 1분의 시장 가치는 다를 것이다. 앞에서 언급한 대로 워런 버핏과 점심식사 시간을 갖는 비용은 460만 달러(한화 약 54억 4,000만 원)라고 한다. 내 연봉이 1억 원이라고 가정하면, 시급으로 따져봤을 때 나의 시간당 경제적 가치는 버핏과 약 15만 배가량 차이가 난다.

시간은 이렇듯 절대적으로 모두에게 주어지지만 그 시장 가치는 상대적이다. 특히 개인이 갖는 시간의 경제적 가치는 직업과 소득으로 평가받고 있다. 만약 이러한 시장의 평가가 야속하다고 생각되면, 시간을 들여 자신의 가치를 올려야 한다. 워런 버핏의 시간은 왜 시장에서 높은 평가를 받을까? 바로 가치와 생산성이 높기 때문이다. 그리고 그 가치와 생산성을 만드는 것은 본인의 몫이다.

앞 사례에서 단순히 광고를 보고 공짜로 돈을 받는다고 생각할 수도 있지만, 반대로 생각해 보면 그들은 시급 2,000원에 광고를 보는 일을 하고 있는 것이다. 어차피 쉬는 시간, 이동하는 시간, 자투리라고 생각하는 그 시간들이 모이면, 무언가 생산적인 일을 할 시간이 만들어지거나 가족 또는 소중한 사람과 함께할 시간 여유가 생기게 된다.

시간은 '흐름'이 아니라 '총량'이고, 금이고 자산이고 돈이다. 그리고 유한하다. 그러므로 우리는 시간을 흘려보내는 게 아니라 자산처럼 철저히 관리해야 한다. 그렇다면 어떻게 해야 시간을 관리할 수 있을까? 부자들은 시간을 어떻게 바라보고 관리하고 있을까? 다음 글에서 이어 살펴보겠다.

부자는 돈으로
시간을 번다

보통 사람들은 시간을 들여 돈을 사지만, 부자는 돈을 들여 시간을 산다. 시간을 들여서 돈을 산다는 건 이해하기 쉽다. 대다수의 근로자는 나의 노동 시간을 투입해서 그에 따른 보상으로 급여를 받기 때문이다. 이것이 시간으로 돈을 사는 개념이다. 그렇다면 돈으로 시간을 산다는 것은 무엇을 뜻하는 걸까?

돈을 들여서라도 시간을 버는 이유

돈으로 시간을 사는 것은 '돈으로 시간을 버는 행위'를 뜻한다. 당신이 회사에서 집까지 걸어가면 1시간이 걸린다고 가정하자. 이 경우 돈을 주고 지하철이나 버스를 이용하면 시간을 단축할 수 있다. 여기에 비용을 추가 지불하고 택시를 타면 시간을 조금 더 단축할 수 있다. 서울에서 부산까지 가는 데 일반 열차를 타고 갈 수도 있지만, 비용을 더 지불하고 KTX와 같은 고속철도를 이용하면 더욱 빠르게 목적지에 도착할 수 있다.

이렇듯 우리가 대중교통 비용을 지불하는 이유는 결국 이동 시간을 단축해서 내 시간을 확보하기 위함이다. 돈을 지출하고 시간을 벌게 되면 나는 그 시간으로 다른 무언가를 할 수 있는 시간 자산이 생긴다. 사랑하는 사람을 더 많이 볼 수도 있고, 좋아하는 소설이나 영화를 볼 수도 있고, 멀리 떨어진 맛있는 음식점을 찾아갈 수도 있고, 그냥 빈둥거리거나 잠을 자며 체력을 회복할 수도 있다. 돈으로 시간을 샀기 때문에 가능한 일들이다.

돈으로 시간을 사는 것에는 '상대방의 시간을 사는 행위'도 해당된다. 베이비시터를 예로 들어보자. 부모가 어린 자녀를 양육할 때 크게 두 가지 선택지가 있는데, 하나는 직접 양육하는 것, 다른 하나는 타인에게 위탁하는 것이다.

만약 부모 스스로 아이를 양육한다면, 그만큼 자신의 시간이 투입된다. 하지만 베이비시터를 고용해서 육아를 맡기면 그만큼 시간을 벌게 되는 것이다. 이는 결국 부모가 베이비시터에게 비용을 지불하고 그의 시간을 대신 투입하는 것을 뜻한다. 반대로 시터의 입장에서는 자신의 시간을 투입해서 돈을 버는 것이다. 시터는 돈을 벌고 부모는 시간을 벌었다. 그렇다면 부모는 벌어들인 시간으로 무엇을 할까?

맞벌이 부부는 다시 돈을 버는 데 시간을 투입한다. 즉, 돈을 지불하고 벌어들인 시간으로 다시 회사에 나가서 시간을 투입하고 돈을 버는 것이다. 이럴 경우 잘 계산해 봐야 한다. 월 200만 원을 주고 시터를 고용하고, 자신은 회사에 나가서 월 200만 원을 버는 사람이 있다면, 시터 고용을 재고할 필요가 있다. 마찬가지로 시터의 비용과 자신이 벌어들인 수익에 큰 차이가 나지 않는다면 그 역시 재검토해 봐야 한다.

돈 10~20만 원을 더 벌기 위해 자녀와의 소중한 시간을 포기하는 게 합리적인 판단일까? 그럼에도 사실상 다수의 사람들은 자녀를 시터에게 맡기고 회사 출근을 선택할 것이다. 육아 스트레스보다 업무 스트레스가 낫다고 보는 사람도 있고, 경력 단절이나 승진 누락에 대한 불안도 무시하지 못하기 때문이다. 안타깝게도 경제적 자유를 아직 이루지 못한 상황이다.

그렇다고 경제적 자유가 있는 사람들이 시터에게 아이를 맡기고 회사에만 있느냐? 아니다. 그들은 시터에게 아이를 맡기고 일하러 나가지 않는다. 그들은 가사 도우미에게 가사 노동을 맡기고, 그 시간을 벌어 어쩌면 다시 오지 않을 아이와의 순간을 보내고 있다. 혹은 자신의 취미 생활을 위해 시간을 보낼지도 모른다. 결국 돈을 주고 타인의 시간을 사서 노동을 시키고, 자신은 그 시간을 벌어서 진짜 소중한 곳에 쓰는 것이다.

이렇듯 부자는 다른 사람의 시간을 사서 자신이 소중하다고 생각하는 가치에 투자한다. 반면 대다수 사람들은 자신의 소중한 시간으로 시터 비용을 벌기 위해 노동에 참가한다. 그리고 그 현장의 피라미드 꼭대기에 위치한 경영자나 기업 오너는 노동자에게 급여를 주고, 노동자들의 시간을 사서 기업이나 사업체를 굴려 더 큰돈을 번다.

부자가 되려는 이유를 잊지 말자

우리가 지금 일을 하는 이유는 나의 가치 있는 시간을 투입해서 돈을 벌기 위해서다. 이때 돈을 버는 목적은 기본적으로 최저 생계비를 버는 것이지만, 궁극적으로는 부자가 되기 위해서다.

부자가 된다는 말은 무엇을 의미하는 걸까? 부자가 된다는 것은 경제적 자유를 가진다는 뜻이고, 경제적 자유를 가진다는 것은 결국 내 시간을 더 가치 있는 곳에 쓸 수 있는 자유를 가진다는 뜻이다. 자본이 일정 수준을 넘어서 경제적 자유를 얻게 되면, 그때부터 진짜 중요한 건 돈보다 시간이라는 사실을 깨닫게 된다. 그래서 자신의 시간을 아끼고, 시간을 더 벌기 위해 마땅히 비용을 지불하면서 타인의 시간도 사들이는 것이다.

부자가 되기 위해 모두가 경주마처럼 치열한 경쟁 속에 앞만 보고 달려나가지만, 우리는 이 사실을 반드시 기억해야 한다. 간혹 경제적 자유를 얻었는데도 불구하고 여전히 경쟁의 쳇바퀴에 남아서 치열하게 돈을 좇는 경우도 종종 보기 때문이다.

나의 소중한 시간을 투입해 목표한 자산 규모를 달성하고 나서도 당신은 다시 시간을 투입해 자산을 불리는 데 열중할 것인가? 또 다른 비슷한 수준의 부를 가진 경쟁자들 속에서 돈을 좇는 게임을 계속할 것인가? 아니면 자신과 사랑하는 사람을 위해 돈을 주고 가치 있는 시간을 살 것인가?

진짜 부자는 다른 사람의 시간을 살 수 있는 능력이 있는 사람이다. 진짜 부자는 그렇게 해서 얻은 시간을 가치 있는 곳에 쓸 줄 아는 사람이다. 진짜 부자는 돈을 좇는 경주마에서 내려와 진짜 삶을 사는 사람이다.

우리는 평생 돈을 좇는 데 시간을 허비하지 말고, 지금 이 순간도 야속하게 흘러가는 소중한 시간을 더 가치 있게 사용하는 데 비용을 지불하며 살아야 한다.

교육과
부동산의 관계

"저는 연봉 얼마인데 상위 몇 퍼센트쯤 될까요?"

"민도(문화 수준)가… 학군지는….."

"1급지로 갈아타야 하나요?"

위 대화가 공통적으로 가리키는 것은 무엇일까? 바로 '계급'이다. 왜 근래에 금수저와 흙수저를 논하는 '수저 계급론'이 등장했고, 계급을 노골적으로 드러내고 싶어 하게 됐을까?

계층 그리고 교육

"서울 집값은 미친 것 같아요. 그래서 저는 한국에 돌아가지 않고 미국에 정착하기로 했어요. 여기 한국인 커뮤니티는 소소하고 행복하게 살 수 있거든요. 학군이니 뭐니 치열하게 살 필요도 없고요."

얼마 전 들었던 지인의 실제 이야기이다. 여기서 "미국은 학군이니 뭐니 치열하게 살 필요도 없고요"라는 말에 주목해 보자. 왜 지인은 미국 학군이 치열하지 않다고 느꼈을까?

정확히 말하면 미국은 전 국민이 학군으로 치열할 필요가 없다. (물론 일부는 그럼에도 학군에 신경을 쓴다.) 왜냐하면 미국은 이미 오래전에 계층 사다리가 걷어차였고, 따라서 확고한 계층 구간이 존재하기 때문이다. 상위 계층으로의 이동을 포기하면 오히려 마음은 편해진다.

미국은 '주류사회'라는 계층이 존재한다. '주류사회Mainstream society' 혹은 '와스프WASP'라고 불리는 이 파워 엘리트 집단은 앵글로색슨계 백인 계열의 개신교도로 구성되어 있으며, 네덜란드 루스벨트 가문, 프랑스 듀폰 가문, 독일 록펠러 가문 등 미 대륙의 초기 백인 이민자 가문에 뿌리를 두고 있다.

주류사회는 여러 세대를 거쳐 축적한 부를 가지고 상위 1% 그룹을 만들어 그들만의 리그를 형성하고 있는데, 이들의 교육은 하위 계층과 다른 시스템을 가졌다고 알려져 있다.

이에 관해 미국의 교육학자 진 애니언Jean Anyon은 〈사회 계층과 숨겨진 커리큘럼Social Class and the Hidden Curriculum of Work〉이라는 논문에서 미국의 교육 방법이 계급에 따라서 정해져 있다고 주장한다. 연구 결과에 따르면 계층마다 나뉜 4가지 학교와 교육 방침이 있는데 간단히 정리하면 다음과 같다.

저소득 계층 Working Class : 부모가 블루칼라 노동자이거나 저소득층
규칙에 복종하는 것과 단순 지식 암기를 가르침

자본 체력

중산 계층 Middle Class **: 부모가 사무직**

암기보다 이해와 적용, 그리고 규칙을 따르는 규범 강조

상위 계층 Affluent Class **: 부모가 전문직이거나 소득 상위층**

지식 암기보다 분석, 통합과 창조 능력 강조

자본가 계층 Executive Elite Class **: 부모가 대기업 최고 경영자**

규칙에 대한 복종의 필요성을 가르치지 않음. 학생이 규칙에 대해 스스로 판단
하고 주체적으로 행동하게 함. 기존 규칙과 질서를 지키는 것보다 규칙이 맘에
안 들면 바꾸고 재구성할 수 있다는 사실을 가르침

미국은 이렇듯 오랜 기간 계층화되었기 때문에 딱히 계층 사다리
를 타고 올라갈 생각 없이 살고 있다. 상류사회에 진입하지 못해도 노
력하면 돈을 벌어 수영장 딸린 집은 살 수 있기 때문이다.

미국은 상위 1%가 나라를 이끌어간다고 하는데, 그냥 나온 말은
아니다. 오랜 시간 미국의 계층사회는 상류사회에 대한 진입을 원하
지도, 굳이 그렇게 힘들게 살 가치와 필요성을 느끼지 않고 대부분이
그 자리에서 만족 혹은 포기하며 살고 있다.

물론 이것이 선진화된 사회의 모습은 아닐 것이다. 그래서 자본주
의가 완벽한 시스템이 아닌 것이고, 누군가는 미국의 양극화를 보며
천민자본주의라고 비판하기도 한다. 그런데 이러한 계층화 혹은 계급
화는 비단 미국에만 해당될까? 유럽 내 인권과 평등으로 유명한 프랑
스 역시 계층이 존재한다. 파리1대학, 2대학 등 대학이 평준화되었다
고 알려졌지만, 자세히 들여다보면 '그랑제콜 Grandes Écoles'이라는 엘리
트 대학이 버젓이 존재한다. 영국은 아직도 왕족과 귀족 계급이 존재

하니 말할 것도 없다.

왜 상위 계층은 교육에 집착할까

어느 사회든 상위 계층은 자녀 교육에 힘을 쓴다. 왜일까? 바로 자본을 지키기 위한 소프트웨어를 강화하기 위함이고, '끼리끼리 네트워크'를 형성하는 데 그 목적이 있다. 그만큼 자본은 버는 것보다 지키는 게 중요하다는 사실을 뼛속 유전자 깊이 새기고 있는 것이다.

자, 다시 한국으로 돌아와서 집값과 계층 간 상관관계를 보자. 우리나라는 미국처럼 계층이 확고하고, 계층 사다리가 사라진 상태일까? 나는 '아직'이라고 답하고 싶다. 어쩌면 그 '아직' 때문에 누군가는 상대적 박탈감을 느끼고, 누군가는 '영끌(영혼까지 끌어모으기)'해서 자식 교육을 위해 학군지로 이동하는 것일지도 모른다. 알다시피 근현대 이전에는 계층이 분명히 존재했다. 조선 시대 양반 제도가 그것이다.

그런데 일제강점기 때 신분제가 사라지고 한국전쟁으로 계층이 붕괴되었다. 전쟁 직후, 세계에서 손꼽힐 정도로 못사는 나라였기에 가문은 사라지고, 계층이 리셋되었다. 그리고 전후 자본주의 상태로 70년이 지났다. 그동안 3대를 거치며 누군가는 자본을 축적했다. 그 자본을 축적한 집안은 삼성가, 현대가 등 재벌이 되었고, 자본주의가 낳은 '가문'을 만들고 있다. 그렇게 최상류층이 먼저 확고하게 형성되어 계층을 만들었고, 상류층, 중산층 등 계층이 일부 지역 중심으로 공고해져 '부자 동네'가 생겨났다.

자본주의가 오랜 기간 자리 잡은 서구권 국가를 보면 결국 지역 커뮤니티 중심으로 계층이 형성된 것을 알 수 있다. 예를 들어 미국의 경우 북동부 중심으로 상류사회가 형성되어 있다.

지금 한국은 마지막 사다리만을 남겨둔 상태다. 그래서 그 어느 나라보다 치열하고 또 치열하게 마지막 사다리를 올라타고 있다. 주거지를 학군지로 옮기며 말이다. 지금 부동산 큰손으로 등극한 30~40대, 이들을 움직이는 핵심 원동력은 어쩌면 곧 계층 사다리가 끊어질 것 같은 불길한 예감 때문이 아닐까? '개천에서 용 난다'는 속담은 점점 현실과 멀어지고 있다. 치열한 교육열 역시 이를 설명한다. 참 씁쓸한 현실이며 불편한 진실이다.

그럼에도 불구하고 잊지 말아야 할 것

이렇듯 교육의 기회는 불공평하다. 인생 자체가 공평하지 않다. 태어날 때도 죽을 때도 공평한 것은 시간밖에 없다.

"기회는 평등하고, 과정은 공정하고, 결과는 정의로울 것이다"라는 말을 들어본 적 있을 것이다. 물론 우리가 반드시 추구해야 하는 지향점이다. 하지만 현실이 그대로 되리라고 순진하게 믿어서는 안 된다. 세상 앞에서 눈을 부릅뜨고 의심해야만 비로소 진실과 본질에 가까워진다.

드라마 〈SKY 캐슬〉이 인기리에 방영되고 금수저, 흙수저 여론이 대중에게 공감받고 집값은 미쳐가고 급지 타령이 이어지며 양극화가 심해지고 있는 이 시점, 이들을 잇는 큰 흐름을 봐야 한다. 그리고 세태에 맞춰 대응해야 한다. 어쨌든 이 사회에서 살아가야 하므로.

그렇다고 무조건 학군지나 급지 같은 기준에만 꽂혀 세상을 바라보라는 뜻은 아니다. 자녀 교육을 위해 학군지, 급지, 문화 수준으로 주거지를 결정할 필요가 있지만, 모든 주거지를 그 기준으로만 평가하는 사람들은 결국 자신이 현재 계층의 테두리에서 자유로울 수 없음을 인정하는 격이다.

이누이트족은 늑대를 사냥할 때 칼에 동물의 피를 묻혀 바닥에 꽂아놓고 기다린다. 피 냄새를 맡은 늑대는 이곳을 찾아와 칼에 묻은 피를 핥아 먹는다고 한다. 피를 핥다 보면 날카로운 칼에 자신의 혀를 찔리고 베인다. 그럼에도 계속해서 피 맛을 느끼려 칼을 핥고, 나중엔 자신의 피를 핥게 된다. 그리고 과다출혈로 죽게 된다.

급지나 문화 수준을 언급하며 타인을 깎아내리는 사람은, 혹시 칼에 묻은 달콤한 피를 핥으며 좋아하고 있는 건 아닐까?

당신이 가지고 있는
'진짜 자산'

자산이란 '경제적 가치가 있는 유무형의 재산'을 뜻한다. 일반적으로 재산을 뜻하며, 많은 이들에게 돈의 축적을 의미한다. 성공적으로 돈을 축적하기 위해 사람들은 각자의 수단과 방법을 동원한다. 방향도 다르고 전략도 다르다. 어떤 사람은 보수적으로 꾸준히 돈을 모으기만 하는 반면 다른 한편에서는 공격적으로 투자하며 자산을 증식하기도 한다. 또한 도전과 실패를 거듭하며 조금씩 성장하는 사람이 있고, 반대로 한 방에 크게 성장하기도 한다.

어떤 게 정답인지 정해져 있지 않기 때문에 많은 이들은 누군가 '이것이 정답이다'라고 단언해 주기를 바란다. 이렇듯 인생이나 투자에 정답은 없지만, 다수의 사람들이 선호하는 것은 있다.

바로 '한 방'이다.

인생은 '한 방'이 아니다

'인생 한 방이다'라는 말을 달고 사는 사람이 있었다. 그 사람은 매주 로또를 샀고, 급등락하는 테마주에 집착했다. 과연 그는 성공적으로 자산을 증식할 수 있을까?

나는 그렇게 보지 않는다. '한 방'의 상징인 로또를 생각해 보자. 개인적으로 로또를 좋아하지 않는데, 마음에 패배감을 심어주기 때문이다. 나는 평소 습관을 중요하게 생각하는 터라 사소한 일이라도 자꾸 성공하는 습관을 축적해야 큰 도전을 할 수 있다고 믿는다.

그러나 로또는 실패하는 습관을 길들인다. 우리가 원하지 않아도 잠재의식 속에 실패하는 습관을 매주 지속적으로 쌓게 한다. 나는 나에게 실패하는 습관을 주고 싶지 않다. 로또뿐만 아니라 테마주는 어떤가? 한 방으로 자산을 늘렸더라도 시간이 지나면 잃을 가능성이 더 높다. 주식은 기업 재무 건전성이나 산업 현황을 보고 투자해야 하는데, 쉽게 한 방으로 수익을 얻으려는 이들은 결국 테마를 좇게 된다.

그럼에도 한 방에 운 좋게 자산을 불렸으면 그곳을 빠져 나와야 하지만 대부분은 그 수익금을 들고 다시 그곳으로 뛰어든다. 어떤 이는 초반에 적은 돈으로 초심자의 행운을 얻어 '작은 성공'을 거둘지도 모른다. 그러나 자신감이 붙는 순간 더 많은 돈을 투입하게 되고 결국 '큰 실패'를 경험할 확률이 높다.

왜 사람들은 이토록 한 방을 선호할까? 역전하고 싶기 때문이다. 왜 역전하고 싶은가? 뒤처졌기 때문이다. 왜 뒤처졌는가? 남들 뛸 때 걸었고, 남들 걸을 때 누웠기 때문이다. 자신에게 쉼과 휴식을 주는 것도 좋지만, 그 시간 동안 누군가는 앞서 나간다는 것을 인정하고 받아들여야만 한다.

예를 들어 누군가 열심히 일할 때 반대로 열심히 논 사람이 있다. 또는 누군가가 시간과 돈을 아껴서 투자할 때, 시간과 돈을 의미 없이 흘려보낸 사람이 있다. 이런 사람들이 잘못됐다는 뜻이 아니라 자신이 사용했던 달콤한 시간과 비용에 대해 스스로 책임질 줄 알아야 한다는 것이다. 그런데 대다수는 책임을 회피한다. 그리고 어딘가에서 술잔을 부딪히며 말한다.

"인생 역전! 인생은 한 방이다!"라고.

쉽게 번 돈은 다시 쉽게 나간다

"100억 벌고 퇴사했대."

"300억 벌고 퇴사했대."

요즘 들어 자주 들려오는 비트코인 퇴사 영웅담이다. 확실히 비트코인은 기회였고 '한 방'이었다. 많은 사람들이 말한다. 아무리 지금 폭락해도 작년 초에 샀던 사람들은 최소 500% 이상의 수익을 봤다고. 물론 작년 초부터 현 시점까지 차트에 두 점을 찍고 잇는다면 분명 수익 구간이다. 대부분은 여기까지만 생각한다. 하지만 과연 그 기간에 샀던 사람들이 모두 수익을 봤을까? 안타깝게도 수익을 보지 못한 사람들이 더 많을 것이다.

우리는 결과만 놓고 쉽게 생각하지만, 실제로 그 기간 동안 비트코인 시세는 시간 제약 없는 급등락을 반복해왔다. 급락을 직접 경험해 본 사람들은 그 공포의 마지노선을 알고 있다. 그렇기 때문에 그 구간에서 살아남은 사람들은 실제로 많지 않다. 2,000만 원이 전 재산인 20대가 빚을 내서 3,000만 원을 비트코인에 투자했는데, 불과 몇 시간 만에 30%가 넘는 급락을 경험하고 손절했다는 글을 본 적 있다. 그는 손실 비용을 만회하기 위해 빚을 내어 투자했고 결국 더 큰 빚을 져서 부모님께 손을 벌릴 수밖에 없었다고 고백했다.

결국 비트코인으로 이익을 본 사람들은 비트코인을 공부하며 급등락을 버틴 사람들과 그냥 덮어두고 보지 않은 사람들일 것이다. 그렇다면 비트코인으로 수익을 얻은 사람들은 과연 한 방으로 수익을 얻었을까? 아니다. 투자했고, 버텨낸 것이다. 세상에 쉽게 번 돈은 절대 없다. 나는 그들이 그 수익을 얻을 자격이 있다고 생각한다.

비트코인이 투자 수단이 될 수 있다고는 생각한다. 그러나 비트코인을 한 방으로 보고 도박처럼 투자해서는 안 된다. 그런 사람은 한 방에 벌더라도 결국 한 방에 무너지고 잃게 되어 있다.

실제 주변에서 있던 일이다. A와 B가 있다. 이들은 같은 동네에 사는 이웃이다. A는 투자에 관심이 많다. 특히 부동산 시장에 관심이 많은 그는 수차례 임장과 이사를 반복하며 자산을 증식한 결과 수년 뒤 그가 원하던 강남의 집을 살 수 있었다.

반면 B는 투자에 큰 관심이 없었다. 딱히 부동산에 관심도 없었기 때문에 그는 계속 그곳에 남아 편히 살았다. 그러던 중 시간이 흘러 B는 강남의 한 아파트에 청약을 넣었다. 그는 높은 경쟁률을 뚫고 청약에 당첨되었고, A와 같이 B도 강남의 집을 갖게 되었다. A와 B는 수년 동안 다른 과정을 밟았지만, 결국 강남에서 다시 만나게 됐다.

이 이야기를 몇 명에게 들려주었다. 대부분 B가 성공한 케이스라고 평가하며, 역시 인생은 한 방이라고 답했다. 심지어 어떤 이는 A를 조롱하기까지 했다. "그렇게 아득바득 살아서 뭐 하냐, 그렇게 살아도 결국 결과는 똑같은데."

그렇게 생각할 수 있다. 청약으로 한 방에 강남 집을 갖게 된 B가 A보다는 투자 효율성이 더 높다. 그러나 그렇다고 A가 조롱의 대상이 될 이유는 없다. 나는 오히려 A가 향후 더 성공할 가능성이 높다고 판단한다. B는 한 방으로 강남의 집을 가졌지만, A는 한 방이 아니라 단계를 밟으며 투자와 실전 경험을 쌓고 성취했기 때문이다.

B는 운이지만, A는 실력이다. B는 부동산에 경험 자산이 없지만, A는 수많은 경험 자산을 가지고 있다. 현 시점의 자산만 본다면 둘은 대등할 수 있지만, 적어도 앞으로 부동산을 통한 자산 증식은 경험 자산이 있는 A가 앞설 가능성이 높다. 그리고 그 경험 자산은 결국 자녀 세대에게까지 이어질 것이다.

자산가는 되기보다 유지하기가 더 어렵다고들 한다. 운이 좋아서 일확천금을 얻었어도 대부분이 그 자산을 끝까지 지켜내지 못한다. 로또에 당첨된 행운의 주인공들이 몇 년 안에 전 재산을 탕진하고 결국 불운의 주인공이 되었다는 뉴스를 보면 그렇다.

물론 돈 관리를 잘하는 현명한 사람도 있지만, 대부분은 쉽게 들어온 돈인 만큼 쉽게 써버리고 만다. 그들에겐 돈을 버는 것뿐만 아니라 쓰고 지키고 굴리고 버티는 경험이 없기 때문이다.

경험 자산이 있어야 돈 자산을 지킨다

자산을 '돈'과 '경험'으로 구분해 보자. '돈 자산'이란 대다수가 일반적으로 생각하는 자산이다. 우리 중 대다수는 돈 자산의 증식을 목표로 삼고 있을 것이다. 반면 '경험 자산'이란 자신이 직접 부딪치며 경험하고 느낀 자신만의 투자 철학·방법론이라고 할 수 있다.

한 방을 외치는 사람들은 경험 자산 따위 필요 없다고 생각한다. 그들은 과정보다 결과가 중요하다. "한 방"이란 말 자체가 결과 지향형이기 때문이다.

결과 지향형 사고방식은 성공과 실패, 승자와 패자를 명확히 구분한다. 그러나 인생이란 게 살다 보면 영원한 승자도 영원한 패자도 없다. 투자 역시 영원한 성공이나 실패랄 게 없다. 그래서인지 내가 만난 자산가들은 성공과 실패를 쉽게 논하지 않는다. 그들에게 어떻게 자산가가 되었느냐고 물으면, 자신만의 성공 스토리를 말하기도 하지만 공통적으로 운도 크게 따라줬다고 고백한다.

이렇게 인정하는 사람들은 유연한 사고와 마인드를 가지고 있기 때문에 투자에 있어서도 '성공이냐 실패냐'를 따지기보다 그 도전 자체를 즐기는 경향이 있다. 그뿐만 아니라 실패한다 해도 그것이 경험 자산이 된다는 믿음을 가지고 있다. 돈 자산은 성공과 실패에 따라서 있다가도 없고, 없다가도 있을 수 있다. 한편 경험 자산은 있다가 없는 게 아니라 실패마저도 계속해서 자산으로 쌓이게 된다.

자산가들의 돈 자산은 투자로 수십억 원을 벌었다가 투자로 그 수십억 원을 모두 잃기도 한다. 그러나 이것을 경험 자산으로 만들어서

잃었던 자산을 다시 찾고 더 큰 성장을 한다. 그렇기 때문에 나는 돈 자산도 중요하지만 결국 진짜 자산은 경험 자산이라고 믿는다.

한 방으로 돈 자산을 채우는 게 아니라 천천히 묵묵히 경험 자산을 쌓아나가야 한다. 일단 경험 자산이 거목처럼 든든히 뿌리를 내리면, 당신의 돈 자산은 외풍에도 쉽게 흔들리지 않을 것이다. 설령 흔들려서 거목이 뽑힌다 해도 다시 심고 세울 수 있는 원동력이 되어주는 것이 바로 경험 자산이다.

자산가는 되는 것이 아니라 지키고 유지하는 것이 중요하다고 했다. 그리고 지키는 힘은 결국 경험에서 나온다. 한 방이 아니라 한 살이라도 젊을 때 더 도전하고 경험하고 얻어가야 한다. 그래야 그게 진짜 자산이 된다.

우리는
모두 원석이다

선천적으로 타고난 사람이 있다. 외모, 지능, 운동신경 등 처음부터 빛나는 사람들이다. 이런 사람들을 나는 '보석'이라 부른다. 반면 처음에는 평범하지만, 시간이 흘러 어느 순간이 되면 번쩍 빛나는 사람이 있다. 이런 사람들을 '원석'이라고 부르겠다.

원석의 표면은 돌로 뒤덮여 있어 당장은 빛이 나지 않는다. 하지만 가공하고 닦아내다 보면 그 안에 숨겨진 보석이 세상에 빛을 발한다. 자본에서의 능력도 마찬가지다. 처음부터 '금수저'를 물고 태어나거나 돈이 흐르는 맥을 잘 짚어내는 능력이 있는 이들이 있다. 조용한 것 같지만 결정적 순간에는 누구보다 승부사다. 이런 사람을 나는 '자본주의 보석(요샛말로는 금수저)'이라고 부른다. 이들은 재력과 같은 타고난 자본 능력을 가지고 태어난 사람들이다.

반면에 그런 자본이나 자본 능력을 가지고 태어나지 않은 사람들도 있다. 대학 졸업 후 고정된 소득을 벌며 나름 평범한 삶을 사는 이들이 여기에 해당한다. 그런데 그들 중 일부는 어느덧 순자산 수십억 규모의 자산가가 된 사람도 있다. 부모에게서 자산을 상속받지도 않았는데 말이다. 이런 사람을 나는 '자본주의 원석'이라고 부른다. 처음엔 반짝이지 않았지만, 갈고 닦으며 자기 안의 보석을 깨운 부류이다. 보석과 원석 모두 실제 우리 주변에서 찾을 수 있다.

보석으로 태어나지 않아도 괜찮다

인간은 선천적으로 선택하기를 싫어하는 존재라고 한다. 어떤 선택의 기로에 서 있을 때 아무 선택도 하지 않으면, 아무런 일도 일어나지 않아 최소한 현상은 유지되기 때문이다.

하지만 과연 그럴까? 사실 이 말은 '선택하지 않겠다고 선택한 것'일 뿐이다. 아무것도 하지 않으면 아무 일도 일어나지 않는 게 아니라 최악의 결과를 맞이할 수 있다. 그래서 사실은 뭐든 선택을 해야 한다. 그 결과가 실패더라도 결국 다 경험 자산이 되기 때문이다.

나의 인생 격언 중 하나는 '반성하되 후회하지 말자'이다. 똑같은 실패에서도 반성하면 앞을 바라보고, 후회하면 뒤를 향한다고 생각하기 때문이다.

그러므로 실패를 두려워하지 말고, 선택할 때는 숙고하되 결정하면 최대한 빠르게 실행할 필요가 있다. 앞으로 한 발짝이라도 더 나아가기 위해서다. 자본주의 보석으로 태어나지 않았다면, 그리고 자신이 원석이라고 믿는다면, 나를 감싸고 있는 벽을 깨부수며 자본을 향해 한 걸음 한 걸음 나아가야 한다. 그래야 최후에 빛날 수 있다.

　내 주변에도 자수성가해서 자산가가 된 분이 있다. 얼핏 보기엔 평범한 듯 보이나 결코 평범하게 살지 않았다. 술자리에서 얘기를 들어보니 젊은 시절 자본에 대해 무지했던 때를 통렬히 반성했다고 한다. 그 분은 그 사실을 빨리 인지해서 망치를 들고 자신을 감싸고 있는 빈곤의 습관들을 깨부수며 지금 이 위치까지 왔다. 처음부터 자본주의 보석이었던 것이 아니라 평범한 원석이었던 것이다.

진정한 평등의 기회

정부가 가장 중요하게 생각하는 민생 안건에는 '일자리 창출'이 있다. 일자리 창출이라는 아젠다가 중요한 이유는 한 나라의 경제·생산성과 밀접한 관련이 있지만 근본적으로 국민들의 삶과 직결되기 때문이다. 일반적으로 부모의 품을 벗어난 성인이 사회에 나오면 스스로 돈을 벌고 독립을 해야 하는데, 그러기 위해서는 일자리가 필요하다.

　그리고 양질의 일자리를 확보하기 위한 가장 효과적인 수단은 바로 수능이다. 현대판 과거 제도인 수능의 근본적인 목적은 사실 직업과 취업에 있다. 그렇게 수능을 치른 학생들은 '좋은 직업'으로 생각되는 의사, 판사, 검사가 되거나 혹은 '좋은 직장'으로 생각되는 대기업, 공사, 공무원으로 취업하길 원한다. 그렇게 취업해서는 결국 무엇이 목적이 되느냐, 바로 근로소득을 안정적으로 최대한 많이 획득하는 데 있다. 결국 근로소득이다.

기회는 평등하고, 과정은 공정하고, 결과는 정의롭게.

이 슬로건이 일자리와 근로소득에만 그치면 안 된다. 슬로건 앞에 '자본'을 붙여보면 이렇다.

'자본의 기회'는 평등하고,
'자본의 과정'은 공정하고,
'자본의 결과'는 정의롭게.

이 슬로건대로 되려면, 기초 금융 교육을 장려해서 자본소득 기회의 출발선에 서게 하고, 분식 회계, 배임, 횡령 등 금융 사기를 엄중히 다스려 자본 시장의 신뢰성을 높여야 한다. 마지막으로 노력의 결과(자본소득)를 폄하해서는 안 된다.

내 안의 원석을 찾아서

《부자 아빠 가난한 아빠》의 저자인 로버트 기요사키가 인터뷰에서 이런 말을 한 적이 있다.

"학교의 교육 시스템은 부자를 만드는 교육을 하지 않는다. 왜냐하면 자본가보다 노동자가 많아야 하기 때문이다."

논란의 여지가 담긴 인터뷰지만, 세상을 숫자로만 보는 최상위 권력자는 이런 생각을 할 수도 있겠구나 싶다. 과거 홍남기 경제부총리는 국정감사에서 주식투자 경험이 있냐는 질문에 "주식투자를 해본 적 없다"라고 답했다. 한 나라의 경제 수장이 자본 시장의 꽃이라 불리는 주식을 해본 적이 없다니, 이 발언은 많은 이들의 분노를 샀다.

1가구 1주택법으로 여론의 뭇매를 맞았던 현 여당 의원은 과거에 TV 토론 종료 직후 "그래봤자 집값 안 떨어져요"라는 발언을 했다. 방송 종료 후 마이크가 꺼진 것으로 착각해서 벌어진 일인데, 이에 "99분의 거짓과 1분의 진실"이라고 쓴 네티즌의 댓글이 큰 호응을 받았다. TV 토론이라는 연극이 끝나고 난 후 무대에 내려온 그 의원은 화장을 지운 민낯으로 속내를 털어놨던 것이 아닐까?

자본 교육이 선행되었더라면, 사회 자본 시스템이 좀 더 투명했더라면, 국민 한 명 한 명이 와치독watchdog이 되어 저런 촌극을 TV 수신료를 내고 지켜보고만 있지 않았을 것이다. 아직도 많은 사람들은 자신이 자본주의 원석임을 깨닫지 못하고 있다. 이 사회는 반짝이는 보석을 악당이나 투기꾼으로 포장하고 있다. 누구나 가슴속에 반짝이는 보석이 숨겨져 있는데 말이다.

돌멩이로 살 것인가, 보석이 될 것인가

최근 '벼락거지'라는 말이 실시간 검색어에 오른다. 가만히 있었는데 자본이 녹아 없어져 일순간 거지 신세가 되었다는 씁쓸한 신조어다. 최소한의 자본 교육만 있었더라도 벼락거지가 될 투자는 하지 않았을 텐데 말이다. 이렇듯 지금까지 우리는 다들 가슴속에 하나씩 있는 자본주의 원석을 가꾸지 않았다. 누구도 가꿔야 한다고 말해주지 않았기 때문이다. 유대인 속담에 이런 말이 있다.

말이 입에 있으면 내가 말을 지배하지만,
말이 입 밖으로 나오면 말이 나를 지배한다.

혹시라도 "난 흙수저야"라고 웃으며 농담이라도 던지면 실제로 그렇게 되어버린다. 내가 돌이라고 생각하면 정말 돌멩이가 되고 만다. 반대로 "나는 돌이 아니라 원석이야"라고 말한다면, 내 안에 가능성이 있다고 생각한다면, 지금 당장 망치를 꺼내서 돌을 두드리고 깨뜨려야 한다. 실패하고 눈물 흘리더라도 그건 깨우치는 과정일 뿐이다.

계속 두드리고 떼어내고 털어내면 언젠가 반짝하고 먼지 사이로 빛을 보일 날이 있을 것이다. 일단 빛이 조금이라도 보이면 그다음부터는 조금 더 수월해진다. 툭툭 깨고 돌을 털고 나오면 어느 순간 보석(자본가)이 되어 있을 것이다. 자신 안에 있는 자본의 가능성을 깨우자. 그리고 선택하고 또 그대로 실천하자(실천하기는 가장 중요하다. 백 번 강조해서 말해도 부족하다).

우리는 모두 원석이다. 깨치면 보석이 되지만, 깨치지 않으면 돌멩이로 남게 된다. 자신 안에 숨겨져 있는 가능성을 하루 빨리 깨치길 바란다.

왜 이렇게 시간이 부족할까?

분주한 아침. 잠을 깨고, 씻고, 출근, 아이의 등원 혹은 개인 일정 소화하기. 준비하는 1분 1초가 바쁘고 애가 탄다. 그렇게 시간이 흘러 찾아온 오후. 집에 갈 시간만을 기다리는데 시간은 너무도 느리다. 아침과 다른 의미로 애가 탄다.
시간의 상대성 때문에 그렇다. 같은 1시간도 분주한 아침의 1시간과 여유가 있을 때의 1시간은 마치 다른 속도로 흐르는 것 같다. 하지만 당연하게도, 우리가 시간을 상대적으로 체감하는 것과 달리 시간은 언제나 동일하게 흘러가고 있다.

그래서 시간의 본질을 깨달은 사람들은 시간을 쪼개서 쓴다. 시간을 잘게 쪼개서 계획을 짜다 보면, 무의미하게 흘러간 시간들이 다시 생명력을 찾기 때문이다.
보통의 경우 많은 이들은 시간을 계획할 때 30분에서 1시간 단위로 쪼개서 사용한다. 그러나 이렇게 시간이 사용될 경우 자투리 시간은 의미 없이 버려지기 일쑤다. 마치 물건을 사고 나서 남은 거스름돈을 대충 가방 어딘가에 던져놓는 것과 같다. 이런 거스름돈, 즉 자투리 시간이 모이면 큰돈이 되고, 더 많은 여유를 만들 수 있는데 말이다.
시간을 잘 쓰는 사람들은 30분에서 1시간이 아니라 5분 혹은 10분 단위로 쪼개서 사용한다. 5분, 10분 단위로 나누면 더 많은 시간을 확보할 수 있고, 더 많은 약속이 생기기 때문에 시간을 허투루 소비하지 않는다. (기존 일정에 5~10분 단위로 계획을 넣어보면 안다.)

우리가 자산을 증식하기 위해 재무 테크놀로지인 '재테크'를 하는 것처럼 시간 역시 '시테크'를 해야 한다. 이미 많은 사람들이 시간 쪼개기를 통해 시테크 노력을 하고 있다. 혹자는 이렇게 반문할지 모른다.

"거 너무 시간에 쫓겨 사는 거 아니오?"

아니다. 돈만큼 소중한 내 시간을 자산처럼 관리하는 것뿐이다.

시간은 돈이요, 돈은 시간이다

시간을 쪼개서 하루를 값지게 살다 보면, 문득 이런 생각이 든다.

'와, 정말 시간 부족하다.'

그리고 그 순간의 소중함을 깨닫게 된다. 가령 연예인 가십거리 기사를 찾아보 거나, 인터넷에서 정치 선동 글에 빠져 댓글로 인신공격하는 것보다 더 생산적 인 시간을 찾아 나서게 된다.

차라리 하늘을 보고, 사랑하는 사람과 눈을 맞추며 웃고, 다시 돌아오지 않을 가 족들과의 시간을 누리는 게 더 가치 있는 시간이다. 시간은 돈이고 자산이다. 시 간은 흐름이 아니라 총량으로 관리해야 한다. 이 말은 수백 번 되뇌어도 옳다. 나는 자녀에게 이 말을 아끼고 아끼면서 알려줄 생각이다. 각자의 인생에서 총 량이 분명하게 정해져 있고, 이 시간에 자산을 어떻게 활용하느냐에 따라 인생 이 달라진다.

역세권 지하철과 거주지 거리가 가까운 것
숲세권 녹지와 거주지 거리가 가까운 것
직주근접 직장과 거주지 거리가 가까운 것
학군 명문 학교, 학원가와 거주지가 가까운 것

위와 같이 부동산 입지를 결정하는 요소의 특징을 살펴보면, 결국 가치가 있는 것과의 접근성으로 귀결된다. 접근성이란 말을 쉽게 해동하면, 결국 '시간 절약' 이라는 뜻이다.

그러므로 부동산 입지라는 것도 결국 시간의 가치를 공간에 옮겨놓은 것이다. 그리고 사람들은 그 가치에 대해 수억 원을 더 얹어서라도 구매하고자 한다. 결 국 부동산도 돈으로 시간 가치가 투영된 공간을 사는 것이다. 그러므로 우리는 시간을 철저히 관리해야 한다. 절약해도 우리에게 남은 시간은 사실 얼마 없기 때문이다.

마지막으로 시간 그래프와 함께 정리한 개똥철학을 공유한다.

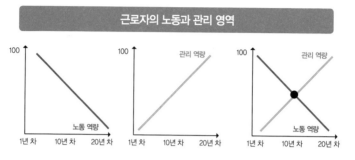

근로자의 노동과 관리 영역

'노동 역량'의 영역은 시간이
지날수록 반비례하며 감소

'관리 역량'의 영역은 시간이
지날수록 정비례하며 증가

직장인 혹은 사업자는 10년 차 때
노동과 관리 역량의 골든 크로스 시너지 발생

첫째, 직장인과 사업자의 경우, '노동'과 '관리 역량'은 시간의 흐름에 따라 변하
게 된다. 신입 때 단순노동 역량이 100이라면, 관리자가 되면 노동보다 관리 역
량이 100이 된다.

그리고 노동과 관리 역량이 교차하는, 즉 골든 크로스되는 시점이 있는데, 이때
시너지를 내서 승부를 봐야 한다. 각자가 어느 시간 및 시기에 놓여 있는지 판
단해서 대응하는 데 참고하기 바란다.

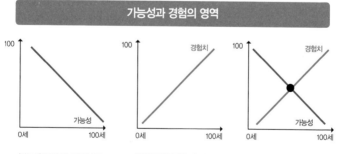

가능성과 경험의 영역

'가능성'의 영역은 1살 때 100,
100세 때 0

'경험치'의 영역은 1살 때 0,
100세 때 100

100세 인생이면 가능성과 경험치가
골든 크로스 시너지를 내는 시기는 40~50대.
80세 인생이면 30~40대에 진검승부 필요

두 번째는 가능성과 경험의 영역이다. 우리가 태어날 때 가능성이 100이라고 한다면, 이것은 시간이 흐를수록 반비례로 하락하게 되어 죽을 때는 0이 된다. 반대로 우리가 태어날 때 경험치는 0이지만, 시간이 흐를수록 경험치는 정비례로 증가하게 된다.

가능성과 경험치가 골든 크로스로 만나는 지점이 30~40대 혹은 40~50대의 시기라고 판단하는데, 이때 최대한 역량 발휘를 해서 진검승부를 봐야 한다. 또한 골든 크로스 시기 전후의 전략도 달라야 한다. 가령 30대는 낮은 경험치를 가능성으로 커버하는 반면, 50대는 낮아지는 가능성을 기존에 쌓은 경험치로 커버해야 한다.

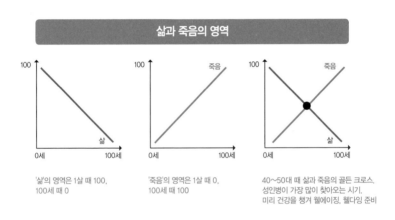

삶과 죽음의 영역

'삶'의 영역은 1살 때 100, 100세 때 0

'죽음'의 영역은 1살 때 0, 100세 때 100

40~50대 때 삶과 죽음의 골든 크로스. 성인병이 가장 많이 찾아오는 시기. 미리 건강을 챙겨 웰에이징, 웰다잉 준비

마지막은 삶과 죽음의 영역이다. 우리는 삶을 산다고 믿고 있지만, 동시에 죽음도 함께 키우며 살고 있다. 삶과 죽음의 크로스 지점에서 다수가 성인병으로 무너진다. 웰빙을 넘어 웰에이징, 웰다잉할 수 있도록 미리 건강을 관리하며 죽음에 의연한 자세를 보일 필요가 있겠다. 죽음이 있고 인생이 유한하기에 현재 이 시간이 더욱 소중하다고 하지 않던가.

경제적 자유를 위해 한 걸음 더

멀리 보기

5

미래의
자본을
보는 눈

비트코인의
정체가 궁금하다

비트코인은 가상'화폐'일까? 이런 질문을 받는다면, 나는 비트코인이 화폐가 아니라고 답할 것이다. 적어도 아직까지는.

화폐는 일반적으로 세 가지 기능을 필요로 한다. 첫째, 교환 매개체. 둘째, 가치 척도. 셋째, 가치 저장. 그 의미는 다음과 같다.

교환 매개체 '상품 및 서비스를 교환할 때 쓸 수 있는가?'
가치 척도 '상품의 가치를 표시해 줄 수 있는가?'
가치 저장 '화폐가 스스로 가치를 지니는가?'

이 세 가지 기능 중에서 비트코인은 현재 '가치 저장' 기능만 가능하다고 본다. 교환을 하고 가치의 척도를 알 수 있으려면 그 가치의 변동성이 적어야 하는데, 가상화폐는 가치 변동성이 크기 때문에 그 역할이 제한적일 수밖에 없다.

글로벌 투자은행 JP모건에 따르면 비트코인의 변동성은 하루 평균 5.2%, 연 평균 80%의 등락폭에 달한다고 한다. 안전자산인 금과 비교해 보면 비트코인이 확실히 불안정하다는 사실을 알 수 있다.

다음 상황을 가정해 보자. A씨는 2018년 1월 7일 1비트코인을 가지고 있었다. 당시 1비트코인은 원화 2,400만 원에 거래되었다. A씨는 그날 1비트코인을 주고 중고차 딜러를 통해 중형 세단을 구매했다. 중고차 딜러는 2,400만 원을 벌었지만, 불과 한 달 만에 그의 수익은 거의 3분의 1이 되었다(1월 7일 2,400만 원→ 2월 5일 830만 원).

이런 상황에서 누가 비트코인으로 거래를 하려고 할까? 이렇듯 변동성이 지나치게 큰 비트코인, 알트코인 등 가상화폐는 적어도 현 시점에서 '화폐'보다 '자산'에 더 가깝다고 보는 것이 합리적이다.

비트코인은 '디지털 금'이다

"비트코인은 21세기 '금'이다." (톰 피츠패트릭, 시티은행 상무)
"비트코인은 1970년대 '금과 같다." (폴 튜더 존스, 튜더 인베스트먼트 설립자)

과거 투기로만 여겨졌던 비트코인에 대해 최근 들어 글로벌 투자자들이 관점을 달리하기 시작했다. 심지어 그들은 대표적 안전자산인 금에 비트코인을 견주기도 한다.

3년 전만 해도 극단적 투기라고 불렸던 비트코인에 대한 시각이 180도 달라졌다는 것을 알 수 있는 대목이다. 그렇다면 많은 자산들

중에서, 하필 불안전한 비트코인을 왜 안전자산인 '금'과 비교하는 것일까? 간단히 살펴보면 다음 세 가지 이유를 들 수 있다.

첫째, 수량이 한정되어 있다. 공급량이 고정되어 있다는 뜻이다. 금이 가치 있는 이유는 한정된 자원이기 때문이다. 금은 금광에서 '채굴'한다고 하는데, 공교롭게도 비트코인 역시 '채굴'한다는 말을 쓴다. (비트코인 창시자가 설정한 어려운 연산 문제를 풀면 일정량을 채굴할 수 있다.) 비트코인 총량은 2,100만 개로 현재 약 90%인 1,873만 개가 채굴 및 유통되고 있다. 남은 양은 약 10%에 불과하다(2021년 7월 기준). 연간 채굴량(공급량)은 비트코인 전체량의 2%인데, 공급 속도보다 수요가 많기 때문에 가격이 급등했다는 설명이 가장 일반적이다.

두 번째는 영원하기 때문이다. 금은 녹슬지 않는 금속이다. 반짝이면서 녹슬지 않는 이 금속은 신뢰를 담보하며 정치 금속으로 진화했다가 종국에는 부의 상징으로 자리 잡게 되었다. 비트코인 역시 디지털 세상에서 영원히 존재한다. 또한 블록체인이라는 암호화된 기술을 기반으로 하기 때문에 복제나 해킹이 이론적으로 불가능하다. 그러므로 비트코인이 적어도 디지털 세상에서는 금만큼 신뢰도가 높다고 볼 수 있다.

셋째는 금과 비트코인 모두 사치재이기 때문이다. 귀금속은 필수재가 아니라 사치재다. 비트코인도 마찬가지로 필수재가 아니라 사치재에 가깝다. 앞서 살펴본 대로 화폐 기능을 하지 못하기 때문이다. 결국 공급량이 유한하면서 신뢰도가 높은 사치재로 금과 경쟁할 수 있다고 보는 의견이 지배적이다. 그래서 혹자는 비트코인을 '디지털금Digital gold'이라고 일컫는다.

그렇다면 비트코인은 어쩌다 디지털 금이 되었을까? 어떻게 이토록 화제의 중심에 올랐고 왜 이렇게 수요가 많아졌을까?

비트코인이 다시 떠오른 이유

비트코인은 2009년 탄생했다. 사토시 나카모토(가명)가 개발한 인류 최초 블록체인 기술 기반의 가상화폐 시스템이다. 비트코인은 온라인 거래를 넘어선 디지털 거래 방식이라는 시대적 흐름 아래에서, 기존 금융거래 시스템에 도전장을 내밀며 등장해 화제가 되었다. 그래서 가상'화폐'라고 불린 것이다.

지금까지도 수많은 논쟁과 함께 비트코인의 가격은 급등락하고 있다. 2010년 5월 기준 4.6원에서 2017년 12월 당시 최고점인 한화 2,598만 원까지 올랐는데, 단 7년 만에 560만 배로 가격이 폭등한 것이다. 이후 지속적으로 가격이 하락하다가 2018년 12월에는 350만 원까지 떨어지며 롤러코스터를 타듯 매우 크게 변했다.

비트코인이 '떡락'한 2019년 초, 이 시기에 유행한 말이 "비트코인의 가치는 0에 수렴한다"였다. 많은 비트코인 투자자들은 상심했고, 조롱거리가 되기도 했다. 그러나 2020년 10월 세계 최대 전자결제 플랫폼 페이팔이 "페이팔에서 비트코인 결제가 가능하도록 하겠다"고 발표하면서 다시 그 가치가 상승하기 시작했다. 이후 전고점(이전 최고점)을 회복한 뒤 상승 랠리를 펼치며 또 다시 비트코인 광풍을 재현했다. 하지만 최근 들어 비트코인은 또 한 번 급등락을 보이며, 많은 사람들이 가슴을 쓸어내리고 있다.

여기서 질문, 비트코인 가격이 치솟은 이유가 과연 페이팔이 선언한 대로 화폐의 기능을 할 수 있기 때문일까? 나는 아니라고 생각한다. 비트코인 가격이 상승한 표면적 이유 이외의 숨은 배경을 크게 두 가지로 정리하면 다음과 같다.

첫째, 인플레와 세금 헷징 목적의 지하자본 or 돈세탁

둘째, 테크 기업들의 금융 패권을 향한 도전

(달러 패권에 도전하는 중국의 우회자본이란 주장도 있지만, 중국의 개입 여부는 사실 확인이 어렵다. 최근 중국 정부는 비트코인을 강하게 규제하고 대신 자국의 디지털 위안화를 강화하고 있다.)

이러한 이유 때문에 월가의 큰손들도 비트코인에 관심을 갖게 되었고, 그중에서 소수의 개인은 적잖이 이득을 봤을 것이다.

많은 이들이 비트코인을 투자자산으로 인식하게 된 주된 이유는 앞서 첫 번째로 언급한 '인플레이션 헷징(물가 상승의 위험 회피)'이다. 초저금리의 돈이 풀리면서 달러의 가치 하락이 우려되기 때문에 비트코인에 투자한다는 것이다. 그러나 테슬라를 비롯해 주요 테크 기업들이 비트코인에 관심을 갖는 데는 두 번째 이유와 같이 더 큰 그림이 있다는 게 다수 전문가의 시각이다. 대다수 기업들은 금융 권력과 중앙은행의 통제에서 자유롭기를 원하기 때문이다. 하지만 자본주의의 근간은 결국 금융 시스템에 있고, 오랜 기간 금권을 지닌 금융 카르텔의 통제에서 벗어나기란 현실적으로 불가능에 가까웠다. (금권에 도전했다가 수많은 미국 대통령이 암살당했다고 쑹훙빙은 그의 저서 《화폐전쟁》을 통해 주장했다.)

자본 체력

그러나 시대가 급변하면서 테크 기업들이 빅데이터와 핀테크 기술을 통해 금융 시장에 자연스럽게 진입하게 되었다. 이제 테크 기업과 금융 기업 간의 경계선이 모호해진 것이다. 그리고 이러한 시대적 흐름은 테크 기업들에게 철옹성 같던 금융 패권에 도전할 기회를 제공했다. 박성준 동국대 블록체인연구센터장은 "머스크(테슬라 CEO)는 비트코인을 장기 보유하면서 가상화폐를 제도적으로 정착시키는 데 관심이 커 보인다"라고 했다.

실제 머스크는 트위터에서 "필요하다면 화성코인Mars coin을 발행할 것"이라는 글을 남긴 적 있다. 그의 머릿속에서 금융 시스템은 시대를 따라가지 못하는 한심하기 짝이 없는 것에 불과할 수도 있다. (과거 게임스탑 사태*에서도 그는 공매도 시스템에 대한 불만을 이야기하며 개인 투자자들을 지지한 바 있다.) 그러나 반대편에선 최근 머스크가 비트코인을 고점에서 한화 3,000억 원어치를 팔아 수익을 챙긴 것을 근거로 결국 돈벌이 수단으로 이용했다며 그를 비판하고 있다.

한편, 페이스북은 2019년부터 암호화폐인 '리브라'의 개발 및 유통을 추진해왔다. 전 세계 28억 명에 달하는 페이스북 이용자를 기반으로 독자적 금융 생태계를 만드는 것이 목표였다. 그러나 이 계획은 미 정부, 의회, 중앙은행이 적극적으로 반대해서 좌절되었다. 미국뿐만 아니라 G7 국가 재무장관과 중앙은행장들도 반발하고 나서며 기업의 금권을 향한 도전은 허무하게 끝이 났다. (그럼에도 현재 페이스북은 지난해 12월 리브라의 이름을 '디엠diem'으로 바꾸고 각국 정부를 설득하는 작업을 벌이고 있다.)

● 2021년 1월 29일, 미국 개인 투자자들이 '게임스탑'의 주식을 공매도하려는 헤지펀드에 맞서 대량 매수하며 주가가 폭등한 사건. 기관과 개미군단의 대표적 전쟁으로 일컬어진다.

이렇듯 과거 역사에서 현재를 돌이켜보더라도 각국 정부와 중앙은행은 여전히 화폐 통제력(금융권력)을 뺏기지 않으려 하고 있다. 하지만 시대가 디지털화되면서 이미 그들의 통제를 벗어나 꽤나 자유로운 금융 생태계를 갖춘 기업들이 등장하고 있다. 대표적이면서도 쉬운 예가 바로 '스타벅스'다.

많은 이들은 스타벅스를 커피 기업으로 인식한다. 하지만 스타벅스는 커피 기업을 넘어 이제 테크 기업에 가까워지고 있다. 스타벅스에는 선불카드가 있다. 한국 소비자들이 스타벅스 카드에 미리 충전한 돈이 2009년 21억 원에서 2021년 2,000억 원 수준으로 오르면서 주요 핀테크 기업인 토스와 네이버페이의 예치 잔액(선불충전금)을 넘어섰다고 밝혀졌다. 스타벅스의 이 같은 성과는 2014년 사이렌오더(선불로 돈을 충전해놓고, 원하는 음료를 사전에 주문할 수 있는 시스템)를 도입한 것이 결정적인 계기가 되었다. 사이렌오더는 스타벅스 본사가 아니라 스타벅스코리아(신세계 I&C 개발)에서 출시해 국내에 선보인 뒤 반응이 좋아 역수출한 케이스다.

이렇게 모인 스타벅스의 선불충전금이 주요 핀테크 기업의 예치 잔액을 넘어선다는 사실은 많은 점을 시사한다. 쉽게 말하면 스타벅스코리아는 정부 및 금융기관의 규제를 받지 않고, 2,000억 원에 달하는 고객의 선불충전금액을 사실상 마음대로 사용할 수 있다는 것이다. 전자금융거래법상 스타벅스의 선불충전금은 스타벅스 밖에서 쓸 수 없기 때문에 '선불전자지급수단'으로 분류되지 않기 때문이다. 규제의 사각 지역에 있다 보니 외부 신탁 의무도 없고 선불충전금 운용 내역을 정기적으로 공개할 의무도 없다.

스타벅스는 하나의 사례일 뿐, 이제 금융과 산업의 경계가 희미해지고 있다. 과거 오래된 금융법으로 현재 기술을 규제하는 데는 점점 한계가 보인다. 이렇듯 가상화폐, 핀테크 기업과 같이 기술이 등장하면서 과거의 금융권력을 국가와 독립시키거나 해체시키려는 시도와 도전이 계속되고 있다.

세계 최대 헤지펀드 브리지워터 CEO 레이 달리오는 지난 3월 "각국의 중앙은행들은 통화정책 독점을 원하기 때문에 결국 비트코인은 불법화될 것"이라고 말했다. 1934년 미 정부는 금 보유법으로 개인이 금을 소유하는 것을 불법화했는데, 비트코인 또한 같은 운명을 맞게 될 것이라는 주장이다. 초창기 자본가로 구성된 상류 엘리트층은 자신들이 힘들게 만들어놓은 금융 시스템과 금이 경쟁하는 것을 결코 원치 않았기 때문이다.

레이 달리오의 주장에 힘을 실어주는 사건이 있었으니, 미 연준의 파월 의장의 발언이 그것이었다. 그는 최근 BIS금융 혁신 콘퍼런스에 참석해 "연준이 달러 표시 디지털 화폐를 추진한다면 그 파급력이 굉장히 클 전망이므로 서두르지는 않을 계획"이라며 "민간이 발행하는 스테이블 코인(1달러=1코인과 같이 변동성이 적은 암호화폐)은 중앙은행 발행 화폐를 대체하지 못할 것"이라고 강조했다. 그는 이어 "가상 자산은 가격 변동성이 매우 큰 투기성 자산"이라면서 최근 가격이 급등한 비트코인에 대해 "금의 대체재일지언정, 달러를 대신할 수는 없다"라고 말했다. 우리는 그의 발언에서 다음 사실을 확인할 수 있다.

1. 미 중앙은행이 암호화폐를 발행할 것(ex.USDT)

2. 기존 암호화폐는 중앙은행 발행화폐로 대체될 것

3. 비트코인은 달러(화폐)를 대신할 수 없을 것

4. 비트코인은 금(자산)을 대신할 수 있을 것

불과 4년 전 비트코인은 사기라고 단언했던 JP모건 CEO가 "그때 발언을 후회한다"라며 "비트코인은 대안 자산으로 금과 더 치열한 경쟁을 벌일 것"이라고 한 발언도 결국 비트코인은 화폐보다 금에 가깝다고 돌려 말한 것이다.

그래서, 비트코인에 투자해야 하나

주변을 보면 비트코인에 투자해야 한다는 사람이 많다. 사실 비트코인이 앞으로 몇 억 원 더 올라도 이젠 놀라지 않을 것 같다. 하지만 나는 비트코인 투자에 다소 부정적이다. (개인적인 의견이므로 참고만 하자.)

이유는 단순하다. 내 기준에서는 시간 비용이 너무 많이 들어간다. 무슨 뜻이냐 하면, 가상화폐 시장은 거의 하루 종일 거래할 수 있게 해놓았다. 일종의 선물 시장인 셈이다. 따라서 관심이 계속 갈 수 밖에 없다.

시간도 자산이다. 자본소득이 자본소득인 이유는 노동소득보다 상대적으로 시간 투입량이 적기 때문이다. 온종일 거래되는 가상화폐 시장에서 과연 지속적으로 금액을 확인하면서 시간을 투입하지 않을 자신이 있을까? 나는 그렇지 않다. 과거 선물 거래를 했다가 거의 폐

자본 체력

인이 되었던 기억이 있다. 내 투자 적성에는 맞지 않는다. 특히 코인 시장은 상승, 하락에 제한이 없기 때문에 잠깐 눈을 떼고 있다 큰돈을 잃을 수도 있다. 그러므로 이런 종류의 투자는 생업에 지장이 가는지, 일상생활에 영향을 주는지를 잘 따져봐야 한다. 그만큼 내 시간이 투입되면 결국 정신노동소득이나 다름없기 때문이다.

만약 자신이 가격 등락에 무관심할 자신이 있거나 큰 걱정 없이 장기투자할 자신이 있다면(장기적으로 가격이 오른다는 확신이 있다면) 그 사람은 비트코인에 투자해도 적성에 맞을 수 있다. 나는 비록 비트코인에 자신이 없어 부정적 견해를 가지고 있지만, 투자는 옳고 그름으로 따질 수 없기 때문에 본인의 투자 철학이 바로 서 있다면, 비트코인에 대해 열린 생각을 가져도 좋을 것 같다.

비트코인은 앞으로 어떻게 될까? 중앙은행의 제도권과 통제 밖에서 과연 인정받을 수 있는 화폐인지, 기존 금권 카르텔의 화폐 시스템에 도전해 주목받은 것을 넘어 진짜 화폐 역할을 할 수 있을지는 아직 모른다. (아직까지는 디지털 자산에 머물러 있다.)

언제든 투자자가 될 수 있는 우리에게 비트코인 및 가상화폐가 튤립처럼 한순간 아름다운 꿈으로 머물다 사라질지, 금처럼 귀중한 자산으로 남게 될지, 그것을 넘어 화폐처럼 필수 거래 수단이 될지 유심히 지켜볼 일이다.

새로운 시대,
새로운 기술의 흐름

거시적으로 세상을 바라보는 힘

전술과 전략은 다르다. 전술tactics이 세부 방법이고 미시적 디테일이라면, 전략strategy은 큰 방향성을 의미한다.

자본·금융 시장과 경제를 이해하는 데 있어 환율, 금리, 유가, 기업 분석을 매일매일 살피는 일은 전술에 해당한다. 거시적 분석은 이러한 시장지표들이 전체적으로 어떻게 흐를 것인지 방향을 예측하고 대응하는 일이다. 그리고 그것이 곧 전략이라고 믿는다.

그러한 전략이 나오기 위해서는 투자 구루와 거인처럼 기술·산업·자본의 흐름을 이해해야 한다. 이를 이해하면 우리의 다음 걸음이 어느 곳으로 향해야 할지 예상하고 대응할 수 있다. 비록 전문가가 아니더라도 말이다.

나는 경제 전문가가 아니다. 단지 거시적 흐름을 파악하는 것에 흥

자본 체력

미를 가지고 공부하는 사람이다. 그리고 무엇보다 '실천하기'를 최종 목표로 둔다. 50세 이전에 나만의 투자 원칙을 만들어서 자녀에게 밥상머리 자본 교육을 시키는 게 나의 목표다. 사실 말이 밥상머리이지 그냥 일상 대화에서 자본·금융 시장에 대해 자주 이야기를 나누는 게 작은 소망이다. 그러기 위해서는 경험과 그에 기반한 나만의 투자 철학이 있어야 한다고 믿는다.

한 지인이 이렇게 말했다. "한국 부동산은 보수 정권에 매수해서 진보 정권 말기에 매도하는 것"이라고. 우스운 이야기 같지만, 경제 교과서에 나오는 수요·공급 곡선으로 가격이 결정된다는 말보다 더 실천적 지식을 담고 있다고 생각한다. 그의 생생한 경험을 통해 얻은 투자 철학인 셈이다.

물론 수요·공급 곡선으로 가격이 결정되는 것은 사실이지만, 이것만으로 몇 달 사이 아파트가 몇 억 원씩 오르는 이유를 설명하기는 어렵다. 수요, 공급뿐만 아니라 정부 규제, 인플레, 유동성 등 다양한 변수들이 자산에 영향을 미치기 때문이다.

그 중심에 금리가 있고, 우리는 왜 이 금리란 녀석이 자본 시장 가격에 이토록 중요한 역할을 하는지 제대로 배우지 못했다. 결국 또 다시 금융 교육 부재로 귀결된다. 우리는 금융·자본 교육을 지금이라도 배우고 실천해야 한다.

금융·자본 교육이라고 하면 누군가는 《맨큐의 경제학》이나 애덤 스미스의 《국부론》을 생각한다. 그리고 역시 경제 공부는 어렵다며 그만둔다. 고전은 알고 있으면 도움이 되긴 한다. 하지만 자본 공부를 꼭 고전부터 시작할 필요는 없다. 자본 시장은 경제 이론만으로 설명되기에 한계가 있기 때문이다. 실제로 경제 이론으로 무장한 전문가들이 곧 자산가인 경우는 내 주변에서 거의 보지 못했다. 이론이 머릿속에 꽉 찬 사람의 대다수는 자본이 지나가는 길목에 당당히 서서 맞서지 못하고, 자본이 흘러 지나간 뒤에야 이론을 들어 설명하는 데 능하기 때문이다.

자본이 흐르는 자리에 당당하게 서 있는 용기는 결국 자신만의 투자 경험과 원칙이 있어야 생긴다. 우리가 '슈퍼리치'라고 부르는 거인들, 즉 워런 버핏, 레이 달리오, 짐 로저스는 경제학보다 역사학, 인문학, 정치학을 전공했거나 혹은 더욱 중요시했다고 밝혔다. 자본의 흐름은 인간의 욕망과도 같기 때문에 단순히 경제 이론만으로 설명하기 어렵고 또 그렇게 되지도 않는다. 슈퍼리치들은 무엇보다 역사, 인문학 등 과거 인류의 사건을 통해 통찰을 얻고, 미래를 바라보고 대응했다. 결국 거시적 흐름을 관심 있게 보면 나만의 투자 철학을 얻고, 또 그 안에서 통찰을 구할 수 있다.

기술 진보와 변화의 흐름 이해하기

우리가 지금부터 할 일은 거시적 관점에서의 기술, 산업, 경제의 흐름이 어떻게 변하고 있는지 살펴보는 것이다. 시대가 어떻게 변화하고 있는지 알아야 자본의 흐름을 읽을 수 있기 때문이다.

그렇다면 산업과 기술은 어떠한 인프라 위에서 흘러가고 있을까? 나는 그 기반이 되는 것이 바로 통신 네트워크 인프라라고 생각한다.

애플이 세계 일류 기업으로 도약할 수 있었던 것도 결국 통신 네트워크 기반으로 작동하는 '아이폰'이라는 디바이스 덕분이다. 그래서 최초의 아이폰 단말의 이름은 아이폰 '3G(통신규격)'였다.

통신은 인간과 인간이 소통하기 위한 기술이기도 하지만 이제는 인간과 기계, 그리고 기계와 기계가 소통하기 위한 기술로 진화했다. 그리고 통신 기술은 진화를 거듭해 바야흐로 5G 시대를 열었다.

5G란 무엇인가? 5G의 G는 Generation(세대)을 뜻한다. 즉, 무선 통신규격의 세대가 5세대까지 왔다는 것이다. 그렇다면 이전에 있었던, 1G~4G는 무엇일까? 사람들은 5G를 스마트폰 화면 상단에 적힌 규격 혹은 4G보다 몇 배 빨라진 통신 기술 정도로 생각한다. 하지만 5G는 단순히 빠르기만 한 통신 기술이 아니다. 다음은 이러한 통신 기술이 어떻게 진보했고, 우리 삶뿐만 아니라 산업 전반에 어떠한 영향을 끼치고 있는지 1G부터 5G까지 빠르게 살펴보도록 하겠다.

1G

1G의 특성은 '아날로그 음성통화'이다. 이 기술의 핵심은 '이동하며 통화할 수 있다'라는 것인데, 지금이야 당연하지만 그 당시에는 혁신이었다.

2G

2G의 특징은 '디지털 방식'의 도입이다. 1G의 음성통화뿐만 아니라 문자, 카메라 기능 등이 더해져 바야흐로 디지털 시대가 찾아와 미래 시대로 나아가는 것처럼 보였다. 하지만 진짜 미래 기술의 혁신을

가져온 건 지구 반대편에서 스티브 잡스가 아이폰 3G를 리바이스 청바지 주머니에서 꺼낼 때부터였다고 생각한다.

3G

3G의 특징은 '모바일 인터넷 접속'이다. 3G와 함께 스마트폰 시대를 본격적으로 열었던 존재가 있다면, 단연 아이폰이다. 물론 아이폰 전에도 스마트폰이라고 불리는 기기는 시중에 존재했다. 하지만 그러한 기기는 비즈니스 용도로만 사용되며 조작이 매우 어려웠던, 사실은 스마트하지 않은 '안티 스마트폰'이 대부분이었다. 이런 상황에서 직관성, 편의성, 확장성을 모두 담아낸 '터치 가능한 작은 컴퓨터'를 모바일에 담은 아이폰의 등장은 당시 신선함을 넘어서 충격 그 자체였다.

3G 시대에 아이폰과 같은 모바일로 웹 접속이 활성화되면서, IT뿐만 아니라 생활 편의, 쇼핑, 금융, 교통 등 산업 전 방위에 걸쳐 모든 혁신이 동시에 일어나기 시작했다. 이때 스마트폰 생태계로 진입하지 않은 기업들은 도태되었고, 빠르게 편승한 기업은 '게임 체인저'가 되었다. 사람들이 패밀리 레스토랑 이름인 'TGIF'를 원래 뜻인 'Thanks God It's Friday(고마워라, 금요일이다)'가 아니라 'Twiiter, Google, iPhone, Facebook(트위터, 구글, 아이폰, 페이스북)'으로 바꿔 말했듯이 이 기업들은 새로운 시대를 만들기 시작했다. (국내 기업으로는 삼성전자, 네이버, 쿠팡, 카카오 등이 이에 해당한다고 여겨진다.)

4G

3G와 4G가 큰 차이가 없다고 느꼈다면, 그건 오산이다. 4G 역시

자본 체력

산업 패러다임을 크게 바꾸었다. 4G는 통신 속도 개선과 데이터 비용 절감으로 '모바일 미디어 소비'를 폭증시켰다. 미디어 소비 증가로 유튜브, 넷플릭스와 같은 새로운 게임 체인저들이 본격 등장하며 성장했고, 이들의 성장으로 기존 지상파 채널과 같은 전통 매체들은 경영에 심각한 타격을 받게 되었다.

방송통신위원회 '2019 회계연도 방송사업자 재산상황'에 따르면, 국내 지상파 매출은 2015년 4조 1,000억 원에서 2018년 3조 7,000억 원으로 감소했고, 같은 기간에 영업이익은 888억 원에서 −2,237억 원으로 적자를 기록했다.

지상파는 모든 것이 모바일로 전환되는 트렌드에 맞춰 다시보기 서비스를 강화했고, 유튜브와 같은 모바일 미디어 플랫폼을 시작하는 전략으로 대응했지만 이미 패권은 플랫폼 사업자들에게 넘어간 뒤였다.

1G~2G의 주된 이용자는 개인이었지만, 3G 시대부터 기기가 스마트폰, 패드로 진화했다. 이에 따라 개인뿐 아니라 기업에서도 업무 생산성 확대를 위해 스마트 디바이스를 활용하기 시작했다.

5G

그렇다면 5G는 뭐가 다를까?

5G 통신 기술의 일반적인 특징은 다음 세 가지로 구분한다.

초광대역 LTE보다 이론상 20배 빠른 다운로드 속도

초저지연 통신 지연 속도 절감, LTE 대비 10배 지연 속도 개선

대량연결 LTE보다 10배 많은 100만 대의 기기 간 연결 가능

이 기술들이 개인 모바일에서 어떤 가치를 제공할까? 단순 속도가 개선되는 것 이외에는 개인에게 패러다임을 전환시킬 만큼 큰 가치를 제공하고 있지는 않다.

결국 5G 통신은 개인보다 기업에 초점이 맞춰질 수밖에 없다. 5G 기술의 핵심인 '네트워크 슬라이싱(네트워크를 나누어 각 상황에 맞춤 인터넷을 가능케 하는 기술)'뿐만 아니라 다른 기능들도 결국 개인을 위한 기술이 아닌 공장, 산업 현장, 국방, 기업, 의료 및 보건, 교육 등 기업 분야에서 더 크게 활용될 것이기 때문이다.

삼성전자가 휴대폰 사업에 뛰어든 1988년 '애니콜'의 1G 시대부터 5G 시대의 세계적 초격차 반도체 기업이 되기까지 40년이 채 걸리지 않았다. 삼성이 "한반도 지형에 강하다"는 캐치프레이즈로 애니콜의 신화를 써내려 갔을 때, 이 휴대폰 사업이 훗날 국방, 안보까지 쥐락펴락하는 메모리·시스템 반도체의 근간이 되는 사업이라는 사실을 알고 있었을까? (반도체 사업도 별도로 진행하고 있었지만 말이다.)

그 성공은 반도체 기술(저장·처리 능력)과 함께 통신 기술(연결·소통 능력)이 동시에 고도화되면서 산업 패러다임을 바꿀 수 있는 환경이 마련되었기에 가능한 일이었다. (그리고 이것을 더욱 촉발시킨 계기가 바로 코로나19 팬데믹이었다.)

지금까지 1G부터 5G까지 간단히 살펴봤는데, 간단히 정리하면 다음과 같다. 1G~2G 시대에는 개인의 이동 및 편의성이 발전했고, 3G~4G 시대에는 산업이 모바일 중심으로 재편되었다. 그리고 5G 시대부터는 AI, 클라우드, 빅데이터, IoT(사물인터넷) 등 4차 산업 기술과 이를 대량, 그리고 다량으로 연결시켜주는 5G 통신 기술을 통해 기업과 산업 전반이 디지털로 빠르게 전환되고 있다. 그렇다면 이러한 디지털 전환은 우리 산업과 경제에 어떤 영향을 끼칠까? 이번 글에서 기술의 흐름을 살펴봤다면, 이어서 전체적인 산업의 흐름을 살펴보며 자본이 어디로 향하고 있는지 답을 구해 보도록 하자.

4차 산업
한 방에 이해하기

2020년 유가증권 시장에서 개인이 순매수한 금액은 63조 6,000억 원에 달했고, 특히 삼성전자(우 포함)는 15조 6,000억 원가량인 것으로 나타났다. 2021년 1월 역시 코스피에 유입된 개인 순매수 3조 원 중 80% 수준인 2조 5,000억 원이 삼성전자에 몰렸다. 당시 증시 대기 자금인 예탁금은 69조 원이나 모였는데, 금리, 환율, 유동성 등에 힘입어 코스피 상승률이 연초 대비 일주일 새 9.7% 올라 전 세계 주요국 증시 중 가장 높은 상승세를 보였다. (S&P 1.83%, 닛케이 2.53%, 상해종합 2.79%)

가히 질주하는 한국 증시라 할 수 있겠다. 일각에선 실적이 뒷받침되는 만큼 추가 상승이 가능하다고 하지만 다른 한편에서는 유동성으로 증시 거품이 가득 꼈다며 경계하고 있다. 신중론과 낙관론이 교차하고 있는 셈이다. 그런데 여기서 한국 증시가 전체적으로 상승하는 듯 보이지만, 자세히 살펴보면 한편으로 명확히 양극화되고 있다는 사실도 알 수 있다.

대표적으로 삼성전자, LG전자, 현대차, 네이버, 카카오, SK하이닉스, LG화학 등의 정보통신 기술, 테크 기업으로 돈이 쏠리고 있다. 4차 산업혁명의 핵심인 AI, 빅데이터, 전기차, 로봇 등의 기술·인프라와 이것을 구성하는 반도체, 배터리 등 핵심 기술로 자본이 빠르게 흐르고 있다는 것을 알 수 있다.

최근 갑자기 주가가 오른 것처럼 보이지만, 이 산업들은 사실 새롭게 떠오른 유망 산업은 아니다. 해당 산업의 종사자들이나 발 빠른 투자자들은 이미 알고 있었다. 그러므로 시대가 어떻게 흐르고 어떻게 변혁하고 있는지 우리도 알아야 한다. 그래야 이 기술과 산업이 거품인지 아닌지 스스로 판단하고, 투자할 수 있다.

1~4차 산업혁명의 핵심

먼저, 현재 산업 구조를 파악하기 위해 과거 산업혁명을 통해 일어났던 변화의 핵심을 살펴보겠다. 산업혁명을 한 단어로 정의하면 결국 '생산성 진보'이다. 산업 구조가 혁신하고 변혁하면서 노동과 산업 생산성이 극대화되고 있다는 것이다. 4차 산업혁명은 인류가 이러한 변화를 네 번째 경험한다는 사실을 의미한다.

1차 산업혁명 18세기 증기기관을 통해 인간 노동이 기계로 대체

2차 산업혁명 19세기 전기·컨베이어로 공장 대량 생산

3차 산업혁명 20세기 PC·인터넷 보편화로 정보화 혁명

4차 산업혁명 21세기 AI, 빅데이터 등으로 디지털 혁명

여기서 생산성을 에너지의 관점에서 바라보면 이해가 더 빠를 수 있다. 끓는 주전자의 뚜껑이 쉭쉭 소리를 내며 들썩이는 것은 증기 에너지가 주전자 뚜껑을 밀어내는 힘을 가졌다는 뜻이다. 인류가 경험한 첫 번째 생산성 진보는 바로 여기서 왔다. 1차 산업혁명은 증기력으로 인간의 노동을 기계가 대체하며 섬유·방직 산업이 발전했다.

당시 증기기관차 등장으로 철도망이 확충되면서 배나 선박이 아니라 육로로도 빠른 운송이 가능해졌다. 여기에 전기 에너지가 번쩍 하고 빛나면서 어둠이라는 제약을 극복한 것이 바로 2차 산업혁명이다.

이 전기 에너지는 공장의 컨베이어 시스템도 가능하게 하여 본격적인 대량 생산 체제를 만든다. 지금은 당연한 삼시 세끼 식사는 산업혁명의 결과물이다. 하루 두 끼만 먹던 역사가 18세기까지 이어오다가 쉬지 않고 일할 수 있는 기계에 맞춰 노동자에게 점심을 제공한 것이 현대 사회까지 이어져온 것이다.

또한 전기 에너지는 여성의 사회 진출을 가능하게 하는 데도 도움을 줬다. 가전이 공급되면서 가사 부담이 줄어들고 하루 종일 가사만으로도 바빴던 이들에게 시간이 생겼기 때문이다. 이처럼 산업혁명은 경제 생산성뿐만 아니라 사회, 문화 전반에 걸쳐 삶의 패러다임을 전환시켰다.

3차 산업혁명은 컴퓨터와 인터넷이 보급되면서 인류가 시공간을 극복한 것에 의의를 둔다. 'www'로 대표되는 '월드 와이드 웹World Wide

Web'을 통해 지구 반대편에 있는 사람과 언제든 소통하고 협업할 수 있게 된 것이다. 또한 온라인은 1년 365일 24시간 운영되기 때문에 언제든 더 많은 소비 행위를 할 수 있게 한다. 정보화 혁명이라 하지만 사실은 소비 혁명에 가깝다.

결론적으로 2차에서 3차 산업혁명으로 넘어오면서 육체노동에서 지식노동 산업으로 점차 전환되었고, 4차 산업으로 오면서 육체노동 산업의 점진적 종말을 예고하게 되었다. 4차 산업의 제조업 역시 공장 자동화를 통해 기계가 인간 노동력을 대부분 대체하기 시작했기 때문이다. 정리하면 다음과 같다.

1~2차 산업혁명 육체노동, 제품Product 중심
3~4차 산업혁명 지식노동, 상품Service 중심

4차 산업혁명은 독일에서 자국의 제조업 부흥을 위해 주창된 '산업 4.0Industrial 4.0'에서부터 시작되었다. 또한 독일인이면서 세계경제포럼 의장을 맡고 있는 클라우스 슈밥이 스위스의 작은 마을 다보스(다보스 포럼)에서 '4차 산업혁명'이라고 주창하면서 유통되기 시작한 용어이다. 다보스 포럼에서 주창된 4차 산업의 핵심 세 가지는 아래와 같다.

초연결성(사물통신IoT) 기계끼리 소통
초지능성(인공지능AI) 인공지능으로 생산성 향상
예측가능성(빅데이터Cloud) 데이터 수집·분석·활용

방대한 데이터를 쌓아두고, 이것들을 알고리즘에 넣어 분석하고, 기계끼리 소통해서 인류의 생산성 진보와 삶의 도약을 가져온다는 것이다. 사실 2016년 당시에는 너무 먼 미래의 일로만 느껴졌다. 그런데 뜻하지 않게 코로나19 팬데믹이 발생했고, 이제 이 기술은 가속 페달을 밟고 현실화되었다.

데이터에서 시작되는 4차 산업

지난 글에서 5G 기술에 대해 먼저 살펴본 이유는 4차 산업의 기반이 바로 5G 네트워크이기 때문이다. (사실 대부분 업계 종사자들은 5G가 아니라 6G가 되어야 비로소 기술과 서비스가 보편화된다고 예상한다.) 5G 기술의 발달에 따라 AI도 진화하고 전자기기에 들어가는 반도체 산업 성장에도 탄력을 받는다. 그렇다면 4차 산업 발전에는 반도체나 AI 알고리즘만 발달하면 될까? 대답은 "아니오"다.

4차 산업의 또 다른 원동력, 그것은 바로 데이터다. 데이터는 21세기의 오일oil이다. 데이터들을 분석하고 활용하면서 부가가치가 발생하기 때문이다. 그런데 실제 오일은 바다나 땅에서 채굴하면 되는데, 데이터는 과연 어디서 얻을 수 있을까? 바로 모두의 손에 있는 스마트폰에서 얻을 수 있다.

스마트폰은 21세기 디지털 종합 예술품이다. 혹자는 스마트폰 한 대 가격이 이제 TV, 냉장고보다 비싸다고 불평을 하는데, 사실 현존하는 모든 첨단 기술들이 이 작은 스마트폰으로 들어왔기 때문에 지금의 가격이라고 생각할 수 있다. 1G 시대부터 5G 시대까지 오면서 휴대폰은 '휴대'가 아닌 '스마트'폰이 되었고, 산업 패러다임은 모바일로 전환되기 시작했다. 기업들의 가장 가까운 접점이 모바일이 되었다는 것은 오프라인 매장이 사라지고 은행 창구가 줄어드는 것뿐만 아니라 카메라, MP3 플레이어, PC, 지도, 내비게이션, TV 매체 등 과거의 방식들을 모두 모바일로 전환시키고 있다는 것을 뜻한다.

그리고 현재 뜨고 있는 기업들은 이 작은 스마트폰을 통해서 우리 개인들의 정보를 아주 효율적으로 채굴해가는 기술과 플랫폼을 가진 곳이다. 애플과 삼성은 아이폰, 갤럭시라는 강력한 디바이스 중심으로 카메라, 인공지능 대화 등을 통해 사진, 위치 정보와 개인 취향 등을 수집한다. 예컨대 구글은 검색 기록을 통해 개인이 가진 가장 은밀한 정보까지 모두 수집하고 있다. 사람의 실제 속마음은 설문 조사가 아니라 검색창에 있다는 점에서 구글은 사람들이 실제로 무엇을 원하고 있는지 모두 알고 있다고 볼 수 있다.

유튜브와 넷플릭스는 미디어를 통해 취향 정보를 세분화하여 수집하고, 그들의 강력한 미디어 생태계에서 사람들이 계속 머물기를 바란다. 아마존과 쿠팡은 고객의 구매 정보와 구매 패턴 그리고 위치 정보를 수집하고 있다. 그 밖에도 카카오, 네이버, 통신사, 카드사는 다양한 고객의 취향과 구매, 위치, 신용 정보를 수집하고 활용하고 있다.

이 모든 것을 빠르게 그리고 더 많이 수집할 수 있는 센서가 무엇일까? 바로 '스마트폰'이다. 스마트폰은 우리 삶의 경쟁력이자 즐거움인 동시에 기업의 입장에선 최첨단 개인정보 수집 센서라고 볼 수 있다.

이 센서는 앞서 살펴본 대로 2007년 스티브 잡스가 리바이스 청바지에서 아이폰을 처음 꺼내들었을 때 비로소 세상에 등장했다. 그리고 이 센서가 사람들이 남긴 디지털 흔적인 각종 데이터 조각들을 모을 수 있게 도운 것은 바로 통신 네트워크 고도화였다. (통신 속도가 개선되고 데이터 무제한으로 비용이 절감되면서, 소비자들의 데이터 소비는 폭발하게 된다.)

결국 데이터를 수집하는 센서(스마트폰 기업),

센서의 핵심 부품(반도체 기업),

센서로 데이터를 빨아들이는 서비스(플랫폼 기업).

이 세 가지가 앞으로도 더 중요해질 것이다.

전기차에 대한 관심이 높은데, 사실 전기차도 엄밀히 말하면 모바일 디바이스의 일종이다. 그렇기 때문에 이 디바이스에 들어가는 배터리, 부품, 서비스 업체가 당연히 중요해질 것이다.

우리는 사실 주어진 대로 삶을 살아간다. 아침에 일어나서 스마트폰을 켜고, 검색하며 출근한다. 스마트폰으로 메일을 확인하고, 스마트폰으로 메신저를 통해 소통하고, 스마트폰으로 주문해서 결제하고, 스마트폰으로 사진 찍고 공유하고, 스마트폰으로 퇴근길에 유튜브나 넷플릭스를 보면서 하루를 위로한다. 그리고 우리가 하루 동안 쏟아낸 이 흔적들은 이제 디지털화되어 누군가가 수집하고 가공하고 활용한다.

이 책의 모든 곳에서 금융·자본 교육을 강조했는데, 금융 교육이 수요, 공급, 환율, 금리 등에 대한 이해를 기반으로 한 부동산, 주식

자본 체력

같은 금융 자산에 적용할 수 있다고 본다면, 자본 교육은 이 사회를 구성하는 산업과 생태계가 어떤 식으로 자본을 확충하는지 이해하는 데에서 출발한다고 생각한다.

투자와 투기는 한끗 차이라고 한다. 알고 하면 투자, 모르고 하면 투기다. 연일 개인 투자자의 자금이 유동성을 헷징하기 위해 실물·금융 자산으로 쏠리고 있는데, 앞에서 본 것처럼 거시적 흐름을 읽고 투기가 아니라 자신만의 투자 철학과 관점으로 투자해서 험난한 자본 시장을 헤쳐나가길 바란다.

돈의 싸움,
전(錢)쟁이다

돈의 싸움, 전쟁의 시작

'전쟁錢爭'이다. 돈의 싸움이 펼쳐지고 있다. 우리는 어쩌면 역사책에 기록될 순간을 살고 있는지도 모른다. 2020년 우리 곁에서 일어난 일들은 그동안 경험하지 못했던 세계를 보여줬다.

코로나 사태로 글로벌 시장을 패닉 상태로 만든 첫 주인공은 '유가'였다. 코로나 바이러스로 인해 전 세계는 봉쇄 조치를 단행했고, 그 결과 원유 수요가 급감했다. 이동 제한, 수출 감소, 생산 감소, 소비 침체. 이 모든 것은 원유 소비량 감소를 야기했다. 원유 수요가 급감하면 원유 가격인 유가가 급락하니 이를 통제하기 위해 원유량을 줄여서 유가를 유지해야만 한다. 이 역할을 하는 나라가 주요 산유국인 미국, 사우디아라비아, 러시아다. 2018년 국제에너지기구IEA에 따르면 이 세 나라는 전 세계 원유 생산량의 40%를 점유하고 있다.

자본 체력

세 나라가 감산 합의를 해야 하는 상황에서 미국은 셰일오일을 사상 최대치로 증산하고 친미인 사우디아라비아는 눈치 보며 생산을 줄이는 시늉만 했다. 러시아 입장에서는 혼자 감산할 경우 러시아산 원유 가격만 올라 시장점유율에 타격을 받게 될 상황이었다.

그리고 그때 '스트롱 맨' 러시아 대통령 푸틴은 정말 '스트롱'한 대처를 했다. 원유 수요가 없는 상황에서 다 같이 죽어도 좋으니 끝까지 가격 하락의 길을 가겠다는 악수를 던진 것이다. 러시아가 증산 지시를 내리고 이에 따라 사우디아라비아도 경쟁적 증산을 하면서 결국 국제유가가 폭락하기 시작했다.

2020년 초 배럴당 63달러였던 국제유가는 4월 20일 연초 대비 −158%까지 폭락했고, 배럴당 1달러를 뚫고 지하로 내려가 −37.6달러라는 역사적인 진기록을 보여줬다. 국제 유가가 초반 30%까지 곤두박질치자 이어 증권 시장이 바로 반응했다.

전 세계 증시에서는 공포감이 폭발해 개장과 동시에 투매가 이루어졌다. 하루 만에 한·미·일 통틀어 시가총액의 615조 원이 사라졌고, 5일 새 한국 증시의 시가총액 223조가 증발했다.

1956년 국내 주식 시장이 개장한 이후 사상 처음으로 코스피, 코스닥 두 시장 다 동반 거래 정지(서킷브레이커)가 발동됐으며, 투자자들은 두려움에 안전자산인 국채까지 팔며 현금화했다. 코로나 바이러스가 퍼지고 두 달이 지나자 100대 상장사 시가총액 3분의 1이 날아갔다. 코스피는 1,500포인트 밑으로 떨어졌고, 어쩌면 1,000의 벽도 깨질 것이라는 공포에 휩싸였다.

그때 모두가 기다리던 슈퍼히어로로 미 연방준비제도(연준)가 등판했다. 그들이 2008년 금융위기를 뛰어넘는 파격적인 '돈 풀기'를 예고하자 증시는 그날 하루만 8% 넘게 급등하며 환호했다. 그러나 기대에 대한 우려의 시선도 존재했다. 하루에 증시가 5~8% 급락하고 5~8% 급등하는 날이 지속되며 널뛰기 장세가 연출된 것이다. 역사상 이런 상황을 앞으로 또 구경할 수 있을까 싶은 날들이었다.

불확실성이 고조되자 사람들은 전문가를 찾아 마이크를 들이댔다. "슈퍼히어로 연준이 돈을 찍어내고 있는데, 슈퍼리치인 당신은 시장이 어떻게 될 것 같나요?"

L자 침체, U자 곡선, 데드캣바운스, W반등, V자 반등 등 많은 예측과 이론이 난무했지만, 사실 대다수 전문가라는 사람들도 경기 침체에 힘을 실었다. 워런 버핏의 투자 제1원칙은 "돈을 잃지 마라"이고, 제2원칙은 "제1원칙을 반드시 지킬 것"이었는데, 그런 그마저 항공주를 대량 손절매(손해를 보면서 매도)하며 말년에 자신의 원칙을 깨고 만다.

그런데 슈퍼히어로의 막강한 힘은 우리가 예상했던 것보다 더 파워풀했다. 연준은 무제한 양적 완화로 역대급 거액을 풀었고, 각국의 통화 스와프 공조, CP(회사채) 매입 등 쓸 수 있는 카드를 죄다 쓰며 코로나로 쓰러진 시장을 외부 충격으로부터 방어했다. 그리고 쓰러진 시장이 일어날 수 있도록 초저금리라는 모르핀을 주입했다. 사실 초저금리는 근본적 해결책이 아니다. 호미로 막을 것을 가래로도 못 막게 될까 봐 내린 극약 처방일 뿐이다.

연준은 초저금리로 시중에 돈을 몽땅 풀어 그 돈이 소비로 이어져서 다시 서민 경제와 경기가 회복되길 바랐다. 그러나 초저금리로 풀린 돈은 소비가 아니라 실물 자산과 자본 시장으로 빨려 들어갔다. 사람들은 불황을 대비해 지갑을 닫고, 오히려 마지막이 될 수 있는 투자를 강행한 것이다. 그 결과 대다수의 예상과 반대로 증시 급반등으로 부족해 역사상 증시 최고가를 경신하기에 이른다. 이에 시장에선 "실물경기와 너무 큰 괴리가 있다"는 우려의 신중론과 "코로나로 촉발된 디지털 수요로 인해 슈퍼사이클(20년 이상 장기간 가격이 상승 하는 추세)이 왔다"는 낙관론이 팽팽히 맞섰다.

이제 백신 접종과 함께 많은 이들이 일상으로의 복귀를 준비하고 있다. 연준은 일상이 찾아왔을 때 소비 폭발로 물가가 상승해도 당분간 전에 꽂아둔 '모르핀 주사', 즉 저금리를 뽑지 않겠다고 했다.

모르핀은 사실 마약이다. 언젠가는 주사를 빼야 하는데, 지금은 코로나로 너무 오랜 기간 모르핀을 맞고 있다. 시장은 마약에 취했고, 사람들은 환호했다. 코로나 바이러스가 창궐한 지 일 년이 지났을 땐 부동산, 주식, 비트코인까지 모든 투자물이 닥치는 대로 오르면서 말 그대로 '에브리씽 랠리Everything rally'가 펼쳐졌다.

우리가 전쟁에서 갖춰야 할 것

글의 초입에서 한자 錢(돈 전)을 활용해 지금 사태를 '전쟁'이라고 표현했다. 사실 전쟁의 목적은 다른 나라의 영토나 자원을 쟁취하는 것에 목적을 둔다. 과거엔 무력을 썼다면 현대에 들어와서는 무력이 아닌 돈을 이용해 금융전으로도 그 목적을 달성할 수 있게 되었다.

현재 세계는 미중 패권 전쟁, 무역 전쟁, 기술 전쟁, 화폐 전쟁, 그리고 코로나 전쟁, 이 모든 것들이 동시다발적으로 일어나고 있는 상황이다. 그런데도 우리는 무력이 눈에 보이지 않는다고 해서 이런 상황들을 잘 인지하지 못하고 있을 때가 많다.

전쟁이 일어나면 늘 생기는 것이 있다. 기술 진보, 패러다임 전환, 그리고 승자와 패자의 구분이 그것이다. 전쟁에서 살아남아 기회를 잡은 승자는 전후 수 세대를 먹여 살릴 씨앗을 획득하고, 전쟁에서 패한 자는 더욱 혹독한 겨울을 보낼 것이다.

현재 세계가 보이지 않는 전쟁 중이라고 한다면, 우리가 웃으면서 커피 한잔을 하는 이 하루가 어쩌면 수많은 기회와 위기가 오가는 중요한 순간일 수 있지 않을까? 그렇다면 지금 이 시기를 그냥 흘려보내기보다 기회를 꼭 붙잡을 통찰력과 위기에 바로 대응할 체력을 반드시 갖춰야 한다.

미래를 위한
과거 읽기

어릴 때 그리스 로마 신화를 읽다가 역사와 어원, 뿌리를 찾는 일에 심취한 적이 있다. 결국 우리가 살고 있는 세계는 모두 과거에서 왔다는 당연한 사실을 크게 깨우쳤던 기억이 난다. 그래서 지금도 어떤 문제로 머릿속이 복잡하면 종종 다음과 같이 단순한 프레임으로 사고하는 훈련을 한다.

'과거는 어땠고 현재는 어떤 상황이고 미래는 어떨 것이다.'

그리스 로마 신화는 당시 서구의 패권 국가였던 그리스, 로마가 남긴 유산이다. 그리고 그것은 현대 라틴·영어권 국가에 여전히 영향을 미치고 있다. 그렇다면 우리나라는 과거 어느 나라의 영향을 받았고, 현재의 모습은 어떻고, 미래에는 어느 나라의 영향을 받을 것인가? 이 답을 알면 복잡해 보이는 국제 정세를 통찰하는 눈이 생긴다.

지금까지 우리에게 영향을 준 나라들

근현대 이전에 우리나라에 가장 큰 영향을 끼친 나라는 명나라와 청나라, 즉 중국이다. 알다시피 우리말 어휘의 약 70%는 한자어로 되어 있다. 우리의 고유 명절이라고 부르는 '설' 역시 중국의 '춘절'과 우리 문화가 서로 영향을 주고받은 흔적이라고 많은 역사학자들이 판단한다. 그리고 중국의 유교 문화가 아직까지 우리 사회에 잔재해 있다. 이는 과거 패권 국가였던 중국의 영향이라고 볼 수 있다.

18세기, 과거 패권 국가였던 중국(청나라)은 새롭게 떠오르던 해양 패권 영국에게 아편을 맞고 쓰러지게 된다(아편전쟁). 그리고 이어서 또 다른 패권 국가 일본과의 청일전쟁에서 패배한다. 일본은 더 나아가 러일전쟁으로 러시아까지 굴복시키며 본격적으로 대륙 진출을 위한 교두보로 조선을 침략하기에 이른다. 사실 청일전쟁, 러일전쟁 모두 한반도를 둘러싼 청, 러시아, 일본의 각축전이었다는 것이 올바른 해석이다.

1894년 동학농민혁명을 수습할 능력이 없던 고종이 결국 청나라에 지원을 요청했고, 파견된 청나라 군대가 충남 지역에 다다랐을 때, 일본이 조선의 내정개혁 명분으로 군대를 출전시킨 것이 청일전쟁의 시발점이었다. 농민봉기에 대응하려고 외세의 힘을 빌리고자 한 왕과 위정자들의 콜라보가 이후 우리나라를 침략과 수탈 그리고 식민지 구렁텅이로 몰아넣은 셈이다.

결국 1910년 국권 피탈로 대한제국이 멸망하고, 우리는 일제강점기를 겪는다. 이때 현재의 학교, 금융, 기업과 조직관리 시스템이 일본을 통해 들어오게 된다. 조회, 국민의례는 일본식 교육제도의 잔재다. 지금의 초등학교는 과거에 국민학교라 불렸는데, 이는 일제강점기 시절 '황국신민학교'의 약자였다. '천황이 다스리는 나라의 신하와 백성의 학교'란 뜻이며 그 잔재를 없애기 위해 현재는 초등학교로 바뀌었다.

회사 조직에서의 상명하복 문화를 간혹 유교 문화로 착각하는 경우가 있는데, 사실 이는 전형적인 일본 사무라이 문화에서 왔다. 미국은 권한 및 책임이 다양한 담당자에게 분산된 반면, 일본은 권한과 책임이 군주, 리더에게 집중되어 있다. 이러한 위계조직 형태는 수장이 뛰어날 경우 빠른 추진력으로 목표를 달성하고 성과를 이뤄낼 수 있는 반면에 수장이 무능하면 다 같이 죽는 형태다. 이 조직 구조를 일제강점기 시대에 받아들인 결과가 현재의 '재벌'이라고 할 수 있다.

이렇듯 우리나라는 근현대 이전에는 중국, 근현대에는 일본에 영향을 받았다. 그렇다면 현대에 들어와서는 누구에게 영향을 받았을까? 바로 미국이다. 태평양 전쟁 당시 일본은 미국 진주만을 공습했고, 그 보복으로 히로시마 땅에 원자폭탄이 떨어졌다. 1945년 8월 6일의 일이었다. 당시 아시아 패권 국가였던 일본은 이 일로 미국에 아시아 패권을 넘겨주게 된다.

며칠 뒤 8월 15일, 우리는 기다리던 광복을 하게 됐지만, 자주적 독립이 아닌 또 다시 패권 국가의 위탁통치로 나라 운영을 맡기는 모양이 되었다. 각 통치를 맡은 국가는 북쪽은 소련, 남쪽은 미국이었다. 이후 패권 국가 간 땅따먹기 대리전인 6.25 전쟁이 발발하고, 소련과 미국은 서로 합의하에 휴전선을 긋고 한반도 땅을 나눠 각자의 입맛에 맞는 지도자를 선출해 통치를 맡긴다. 그 지도자가 바로 북쪽은 김일성, 남쪽은 이승만이다.

중국과 일본 문화를 거쳐 우리나라는 자본주의의 심장이라고 불리는 미국의 신문물과 자본주의 결과물인 '산업혁명'을 그대로 흡수하게 된다. 또한 자본주의를 제대로 작동하기 위한 '민주주의'도 받아들인다. 이 과정이 1970~1980년대 근대 산업화 · 민주화라고 볼 수 있다. 헐리우드 영화와 팝송뿐만 아니라 미국식 휴일, 풍습, 문화, 조직 시스템이 사회 전반에 걸쳐 자리 잡기 시작했다.

그래서 현재 우리가 살고 있는 삶의 방식, 철학, 시스템은 우리 선조들이 만들고 지켜낸 고유문화도 있지만, 과거 중국, 일본, 미국과 같은 패권 국가의 침략과 침탈, 위탁 통치의 영향을 받은 결과일 수밖에 없었다. 그렇다면 우리는 앞으로 어떤 나라의 영향을 받게 될까?

앞으로 우리에게 영향을 줄 나라들

우리나라는 태생적으로 지정학적 리스크를 품고 있다. 주변의 수많은 열강과 패권 국가의 대리전이 될 수 있는 위치와 대륙 패권과 해양 패권이 만나는 반도라는 점이 그 이유다.

이제 다시 중국이 고개를 들고 있다. 중국은 과거 '도광양회(어둠 속에서 빛을 가리고 힘을 기른다)'에서 현재 '중국 굴기'로 전략을 바꾸고 시진핑 체제 아래 본격적으로 패권을 향한 야욕을 드러내고 있다.

미국이 중국의 싹을 자르려던 시기인 2008년에는 서브프라임 금융위기로 미국이 휘청거렸고, 그 기간 동안 중국은 본격적인 성장을 이뤘다. 이후 미국이 정상화되자 무역 전쟁으로 포문을 열었으나, 중국 우한에서 코로나가 창궐하여 전 세계가 패닉에 빠졌다.

코로나 사태에서 가장 빠르게 탈출하고 회복한 나라는 아이러니하게도 현재까지 코로나 발생지로 파악되고 있는 중국이다. 중국은 사회 인프라 시스템을 디지털로 전환했고, 이를 통해 실시간으로 14억 규모의 인구를 통제할 수 있게 되었다. (중국은 길거리에서 침을 뱉거나 무단 횡단해도 CCTV의 AI가 사람을 식별해 벌금 고지서를 날린다. 우리나라는 현재 경기도 부천시가 지방자치단체 최초로 안면인식 CCTV 1만 대를 구축할 계획을 밝혔다. 계획이 실행되면 이론적으로는 누가 누굴 만났는지 낱낱이 파악할 수 있다. 코로나 명분으로 빅브라더가 출현할지도 모른다는 시민들의 불안감은 여전하다.)

중국이 코로나 전쟁의 승전국이라면, 미국은 코로나 전쟁의 패전국이다. 코로나는 제1차 세계대전과 베트남 전쟁보다 더 많은 미국인의 목숨을 앗아갔다. 무엇보다 미국 입장에선 중국에게 너무 많은 시간을 벌어줬다. 일각에서 코로나가 자연이 아닌 인공적으로 만들어졌을 가능성이 있다고 주장하는 이유가 바로 그 때문일 것이다.

최근 영국 싱크탱크 경제경영 연구소CEBR는 미국 성장률이 2022년 1%로 다시 낮아지면서 당초 예상보다 5년 앞당긴 2028년에 미국이 중국에게 경제 패권을 넘겨줄 것으로 예상했다. 뱅크오브아메리카BoA도 2027~2028년 사이에 중국이 경제 분야에서 미국을 넘어설 것으로 내다보고 있다. 상황은 계속해서 지켜봐야 알겠지만, 코로나로 패권 전쟁의 골든타임을 미국이 놓쳤다고 판단하는 듯하다.

많은 사람들이 아직도 중국을 경시하지만, 사실 중국은 국가가 출현한 역사 이래 가장 오랜 기간 패권의 지위를 유지한 몇 안 되는 국가이다. 그리고 이제 다시 중국이 고개를 들고 패권 야욕을 펼치려 한다. 이런 상황에서 과연 중국의 영향력을 무시할 수 있을까?

과거 시진핑 중국 주석이 트럼프 미국 전 대통령에게 "한반도는 중국의 일부였다"고 말해 온 국민을 분노케 했다. 또한 2017년 말 중국 왕이 외교부장이 문재인 대통령의 악수에 대통령 어깨를 두드리며 화답을 했는데, 이것이 화답인지 외교 결례인지 말이 많았다. 중국 내 서열 20위권의 사신이 한 나라의 국가 원수의 어깨를 두드리는 건, 사실 외교 결례 그 이상이라는 이야기가 많았다.

과거 조선 말기 무능한 왕과 위정자들은 중국 앞에서 힘이 없었다. 심지어 중국 황제가 승인해야 왕이 될 수 있었다. 백성의 진을 빼서 조공을 바쳤고, 중국 사신에게 한 나라 왕이 머리를 조아렸다. 그런 과거를 지닌 우리나라는 추후 중국이 패권 국가가 되면 어떤 위치를 취할 것인가?

물론 현 상황만 놓고 볼 때 당장 패권이 바뀔 것 같지는 않다. 중국이 세계 패권국의 지위를 갖기 위해서는 국민의 시민의식 수준 또한 높아야 하는데, 사실 중국이 세계의 중심이라는 중화사상과 시민의식은 쉽게 바뀔 것 같지 않기 때문이다. 이러한 상황에서 미국은 구소련처럼 중국의 소수민족을 지지하며 중국 쪼개기에 드라이브를 걸고 있다. 대만, 홍콩, 티벳, 위구르가 대표적인 분쟁 지역이다.

우리나라는 주변 열강들로 인해서 자립과 독립을 위해 고군분투하며 살아왔다. 그 때문에 다른 어느 나라보다 외교전술 능력이 뛰어나다고 생각한다. 과거에는 남과 북이 나뉘어 서로 총칼을 겨눴지만, 현재는 그러한 대립각을 패권국가에 대한 외교전술로 적절히 이용하는 듯하다. 만약 영국 싱크탱크나 세계 석학들의 경고(?)처럼 2028년경 중국 공산당의 경제적, 군사적 부상으로 중국이 세계 패권을 거머쥐게 될 경우 우리나라는 어떤 선택을 할 것이며, 세상은 어떻게 변해 있을 것인가? 유심히 지켜보고 우리나라 경제의 방향이 어떻게 흘러갈지 미리 가늠해 볼 필요가 있다.

아날로그로
21세기를 읽는 법

지금까지의 내용을 통해 살펴본 거시적 관점을 유지하면, 다양한 의견을 관망하되 내 중심이 흔들리지 않고 미래의 자본이 어디에 있을지 예상하는 데 도움이 된다.

이런 거시적 관점과 인사이트를 기르기 위한 방법으로, 나는 종이 신문을 구독해서 읽는다. 이렇게 종이 신문을 읽은 지도 벌써 10년이 훌쩍 넘었다. 하루도 빠짐없이 읽고 스크랩하다 보니 이제는 습관이 되어버렸다. 이렇듯 종이 신문을 고집하는 이유에는 몇 가지가 있다.

가독성·가시성

요즘은 대다수가 종이 신문을 보지 않는다. 스마트폰이나 PC에서 무료로 볼 수 있기 때문이다. 게다가 속보 같은 뉴스는 조간으로 나오는 종이 신문이 따라갈 수 없다. 그럼에도 종이 신문을 보는 이유는 바로 가시성과 가독성이 좋다는 점 때문이다.

스마트폰은 중간 삽입된 현란한 디지털 배너 광고 때문에 가시성이 떨어지고, 작은 화면에서 보여주는 전체 글자의 한계 때문에 가독성도 해친다. 물론 스마트폰에서 읽는 방식보다 종이에 적힌 활자를 읽어 내려가는 방식이 익숙한 것도 있겠지만 말이다.

맥락을 보는 힘

사실 가시성·가독성에 크게 불편함을 느끼지 않고 스마트폰으로 기사를 보는 이들도 많을 것이다. 그럼에도 종이 신문을 더 추천하는 이유가 바로 '맥락 보기' 때문이다. 종이 신문은 한 면의 섹션들이 아무 이유 없이 배치되지 않고, 전체 맥락상에서 구성되고 편집된다. 이것은 언론사마다 어떤 관점을 가지고 또 무엇을 중심으로 다루고 있는지 맥락을 짚는 데 큰 도움이 된다.

뉴스를 주제별로 보는 것이 미시적 관점이라면, 이렇게 전체 신문을 죽 훑어보면서 맥락을 보는 게 거시적 관점이라 할 수 있겠다. 문장$_{text}$만 보는 게 아니라 맥락$_{context}$까지 보는 힘을 기르는 데 종이 신문만한 것이 없다.

집중과 몰입력

스마트폰으로 뉴스를 보면 기사를 보는 데 수많은 노이즈에 시달린다. 뉴스 상단·중간·하단에 뿌려지는 현란한 광고는 물론이고, 기사를 보는 도중 걸려오는 전화, 문자, SNS 메시지 등 온전히 글에 집중하는 데 여러 방해 요소가 존재한다. 그러나 종이 신문은 그렇지 않다. 스마트폰은 주머니에 넣거나 한쪽에 두고, 전화, 문자 방해 없이 신문을 온전히 집중해서 읽어 내려갈 수 있다는 장점이 있다.

다양한 관점과 균형

스마트폰으로 보는 뉴스는 대부분 트렌드·토픽 위주로 클릭하게 된다. 대중이 가장 선호하는 자극적인 뉴스를 먼저 확인하면 시의성은 좋지만 자칫 트렌드만 좇을 수 있다는 단점이 있다.

또한 기사를 '클릭'해야 하므로 토픽만 보고 누르게 된다. 종이 신문은 그런 과정 없이 처음부터 끝까지 읽어 내려가기 때문에 여러 토픽과 다양한 소재를 모두 읽을 수 있다. 우리는 자극적이거나 현재 이슈가 되지 않는 소재들도 찾아서 챙겨 봐둬야 한다. 밥을 먹을 때도 편식하면 안 되는 것처럼 우리 사고에도 편식이 있어서는 안 된다.

스스로 사고하는 힘

종이 신문은 또한 사고력을 키우는 데 도움이 된다. 사람마다 다소 다르겠지만, 인터넷 기사를 접하면 대부분 기사 하단의 댓글을 확인하는 경향이 있다. 다른 사람들이 이 주제나 이슈에 대해 어떤 생각을 가지고 있는지 궁금하기 때문이다.

그러나 그렇게 추천과 공감을 많이 받은 댓글을 보면 알게 모르게 편향적 사고가 생길 수 있다. 사람에게는 다른 이들이 공감하는 것에 따르길 원하고 홀로 다른 편에 서는 것을 두려워하는 마음이 있기 때문이다. (그걸 잘 알기 때문에 정치권에서는 여론 선동을 위해 댓글 조작도 서슴지 않는다.)

종이 신문은 댓글이 없다. 아이러니하게도 가장 안티 스마트한 매체가 오히려 우릴 더욱 스마트하게 만들어준다. 댓글 없이 기사를 죽 훑고 나면, 자신만의 사고를 가질 여백의 시간이 생긴다. 이때 스스로 여러 생각을 하게 되고 그게 반복되면 사고력이 높아진다.

그러니 함께 종이 신문을 구독해 보자. 그리고 꾸준히 읽어보자. 마지막으로 좋은 기사는 스크랩해서 필사해 보자. 이것을 하루, 한 달, 일 년만 유지해도 세상을 보는 눈과 시각이 거시적으로 크게 한 뼘 성장한다고 감히 확신한다.

코스피 3,000 시대가 열렸다. 누군가는 과열 양상이라며 신중론을 취하고, 누군가는 마땅히 그런 것이라며 낙관론을 내세운다. 사실 증시는 기업의 매출, 이익뿐만 아니라 금리, 환율, 전쟁 등의 리스크에도 영향을 받는다.

코로나 사태, 증시 상승의 이유

산업 코로나19로 타격을 받은 산업이 있는 반면 반도체와 같이 슈퍼사이클이라는 호황을 만난 산업군도 있다.

환율 미국이 달러를 마구 뿌려대니 달러 가치가 하락했고, 상대적으로 원화 가치는 올라갔다. 주식 시장에는 개인, 기관뿐만 아니라 외국인 투자자도 있는데, 이 외국인은 달러를 가지고 코스피에서 국내 주식을 사는 게 아니라 달러를 원화로 바꿔서 국내 주식을 매수한다.
따라서 자신이 가진 달러 가치가 계속해서 하락하고 있을 때는 더 떨어지기 전에 달러를 원화로 바꿔서 국내 주식에 투자하는 것이 달러 가치 하락을 헷징하는 전략이라 할 수 있겠다.
또한 향후 달러 가치가 다시 오르게 되면, 국내 주식에서 이익을 실현하고 다시 원화를 달러로 바꿔서 본국으로 돌아갈 때 환차익을 발생시킬 수 있다. 환율 하락이 발생하면 외국인 투자 자금이 국내로 유입되고, 반대로 환율이 상승하게 되면 외국인 투자 자금이 국외로 유출되는 이유다.

금리 마지막으로 금리다. 사실 이 모든 사태(?)의 원인은 결국 금리에 있다. 코로나는 초저금리 상태를 지속시켰고, 초저금리는 시중 통화량을 늘렸고, 시중 통화량이 늘어나면서 화폐 가치는 추락하게 됐다.

포스트 코로나, 예상 시나리오

코스피 3,000을 단번에 뚫고 3,100~3,300 사이를 개인 투자 자금으로 급등락 하는 것을 보면서 현재 자금의 유동성이 생각보다 더 크다는 사실을 체감했다. 사실 자본은 생물과 같아서 가만히 있으면 현금이 녹아내리기 때문에 어디에든 안전한 곳을 찾아가는 것일 뿐이다. 부동산, 주식, 비트코인 열풍에서 알 수 있 듯, 초저금리의 상황이 지속되자 기존 위험자산보다도 현금이 더 위험자산으로 인식되는 것이다.

'코로나 향후 전망'은 사실 의미 없다. 자본 시장은 예측이 아니라 대응이 중요 하기 때문이다. 그럼에도 불구하고 몇 가지 시나리오는 가지고 있는 게 좋다. 그 런 측면에서 향후 가능성 있는 시나리오에 대해 개인적인 생각을 공유한다.

주식 시장, 조정이 더 지속될까

코로나 사태 도중 코스피 3,000 돌파의 근본 원인은 초저금리 유동성으로 인한 개인자본 유입이다. 이어 환율 하락에 따른 이머징 마켓(신흥국 투자)에 대한 외 국인 투자, 그리고 코로나19로 수요가 불어난 디지털 관련 테크 기업(특히 반도 체, 배터리)의 호황이 주요 원인이다.

추후 주가가 더 오를지 내릴지는 아무도 모르지만, 쉽게 생각해 보면 위 세 가 지 조건이 반대가 되면 더 조정을 받을 수 있다. 즉, 금리가 오르거나, 환율이 오 르거나, 코로나가 종식되면 조정장이 찾아온다. 그러나 그것은 본격 하락장으로 해석하기보다 잠시의 조정 기간일 가능성도 열어둬야 한다. 만약 코로나로 촉발 된 디지털 호황이 코로나 이후에도 시장의 수요를 창출하여 관련 산업이 성장 할 경우, 유례없는 산업 발전과 경제 호황을 맞이하게 될 수도 있다. 특히 디지 털 수요를 통해 성장하고 있는 반도체, 배터리, 플랫폼 등 테크 기업과 게임, 엔 터테인먼트 산업 종사자들의 임금 인상률도 눈여겨볼 필요가 있다. 현재 우리나 라 경제를 이끄는 이 산업군에서 급격한 실질임금 상승이 나오면, 이 유동성이 또 다시 금융 자산 시장으로 유입될 수 있기 때문이다. 그렇기 때문에 금리와 함께 고용지표, 임금 인상률도 면밀히 따져봐야 할 것이다.

코로나를 전쟁으로 바라본다면

최종 승전국은 결국 중국일 것이다. 전체주의 사회통제로 가장 먼저 코로나 사태에서 경제를 회복했고, 디지털 인프라 구축으로 빠르게 성장했기 때문이다. 심지어 중국의 눈엣가시인 미국 대통령이 바뀐 배경에는 (중국이 극복한) 코로나 팬데믹이 한몫했다. (역대 미 대통령 재선 실패 확률은 20% 수준에 불과하다.) 그 밖에 반도체 등 디지털 전환 전략을 준비한 나라는 코로나 이후 승전국이라고 할 수 있겠다.

그럼 부동산 시장은?

유동성 총량의 관점에서 바라보면, 지금의 돈뭉치들이 초저금리를 피해서 어디로 가는지 생각해 봐야 한다. 초저금리가 대출 레버리지에만 이용된다고 생각하지만, 초저금리가 시작되면 상위 0.1% 자산가들의 측정 불가한 지하자본도 수면 위로 나온다. 즉, 시중 자산 유동성의 원인이 꼭 대출 자금만 있는 게 아니라는 뜻이다.

현재 국내 유동성의 힘은 크게 세 축으로 보이는데, 첫째는 저금리 레버리지, 둘째는 지하자본, 셋째는 '58년 개띠 세대'의 은퇴 자본이 그것이다. (3기 신도시 토지 보상금 45조 원도 있긴 하지만 토지 보상은 시간이 걸리므로 아직 시중에 나오지 않았다.) 이렇게 세 축을 중심으로 한 돈뭉치가 지금 갈 곳을 찾고 있다.

그리고 이 유동성은 주식, 비트코인, 부동산 시장을 종횡무진하며 여전히 머니 무브를 통해 자산을 증식하고 있다. 그런데 주식, 비트코인으로 수익 실현한 돈뭉치는 과연 어디로 갈까? 나는 그 유동성이 다시 부동산 시장으로 향할 가능성이 높다고 판단한다. 주식, 비트코인은 필수재가 아니지만, 집은 필수재이기 때문이다. 따라서 이 돈뭉치가 서울, 수도권 주요 입지 아파트 시장으로 어떻게 유입될지 눈여겨봐야 한다. 현재 서울의 전월세 가격은 계속해서 상승하고 있는데, 이 흐름이 지속될 경우 매매가와 전월세 사이의 '갭(차이)'이 줄어들어, 갭·레버리지 투자를 할 수 있는 환경이 조성된다.

따라서 무주택자 중 주식으로 돈을 번 사람들은 갭을 두고 집을 매수할 가능성이 높다. 유주택자 역시 학령기 자녀를 둔 가구는 학군지 갈아타기 목적으로 갭을 두고 아파트를 매수할 가능성이 높다. 이 경우 전월세 가격 상승이 결국 매매가를 밀어올리는 역할을 할 가능성이 높다. (또한 서울에는 택지 공급이 부족해 향후 수년간 유례없는 공급 부족에 시달릴 가능성이 높다. 공급 부족은 또 다시 매매가를 자극할 수 있다. 모두가 괴로운 상황으로 가지 않길 바랄 뿐이다.)

2002년 럼스펠드 미 국방부 장관이 이라크의 테러 지원 의혹과 관련한 기자 질의에서 남긴 말을 소개한다.

세상에는 내가 안다는 걸 아는 것Known knowns이 있다.
또한 내가 모른다는 걸 아는 것Known unknowns이 있다.
하지만 내가 모른다는 걸 모르는 것Unknown unknown도 있다.

우리 대다수는 아는 것을 알고 있다. 또한 어떤 영역에서는 내가 모른다는 것을 인지하고 있다. 그러나 진짜 문제는 내가 모른다는 것을 모르고 있다는 사실이다. 이 세계는 인간이 모두 이해할 수 없는 예측 불가한 이벤트로 가득차 있다. 따라서 투자의 구루들은 이구동성으로 말한다. 시장은 예측이 아니라 대응의 영역이라고.
그러므로 앞에서 바라본 미래 시장을 예측이 아닌 대응의 시나리오 혹은 아이디어로 참고만 하길 바란다.

6

자본보다
앞서가는
생각

노하우보다
노웨어 전략

지식을 쌓기 위해서는 공부를 해야 하고, 지혜를 쌓기 위해서는 독서를 해야 한다. 그리고 지식과 지혜보다 강력한 힘을 발휘하는 건 실천과 경험이다. 이를 '산지식'이라고 부른다. 지식과 지혜에 실천이 더해지면 그 사람은 어느 일에서든 성공한다.

1990년 이후 세계화의 흐름에서 자란 세대의 미래 경쟁력은 '영어(외국어)'였다. 세계가 단일망으로 연결되고, 전 세계 사람들과 소통 및 협업하기 위해 영어, 외국어는 필수이자 경쟁력이었다. 그렇다면 현재 정보·디지털화 물결 속에서 자란 세대의 미래 경쟁력은 무엇일까? 영어? 아니면 중국어? 혹은 일본어?

'파이썬(프로그래밍 언어)'일지도 모른다. 미래 세대는 인류가 아닌 기계와 소통하고 협업할 것이기 때문이다. 지금 세대가 영어를 못하는 이전 세대를 안타깝게 바라봤다면, 미래 세대는 프로그램 언어를 못하는 현 세대를 안타깝게 바라볼 것이다.

자본 체력

미래 시대의 경쟁력

우리는 노하우knowhow가 경쟁력인 시대에 살았다. 나만이 할 수 있는 기술·역량이 있으면 그것이 개인의 경쟁력이 되었다. 그런데 정보화 시대로 넘어오면서 모든 노하우가 오픈되었다. 노하우에 닿는 접근성도 함께 좋아졌다. 이제 '나만의 노하우'란 거의 보기 힘들다.

시장 역시 소품종 대량 생산의 공급 중심에서 다품종 소량 생산의 고객 중심으로 전환됐다. 세분화된 고객 니즈를 충족하기 위해 수많은 노하우들이 클라우드 펀딩을 통해 생산되는 시대가 왔다. 이런 상황을 보면, 지금 시대의 경쟁력은 노하우가 아니라 '노웨어know where'가 아닐까?

내가 생각하는 노웨어란, 수많은 노하우 중에 내가 원하는 것이 어디 있는지 아는 능력이자 범람하는 거짓 정보 속에서 진짜 정보를 찾아내는 능력이다. 정보와 노하우가 넘쳐나는 시대에 모든 것에 전문가가 될 수는 없기 때문이다. (모든 것의 전문가는 AI가 대체할 것이다.)

각 분야 전문가들이 어디 있는지, 필요한 데이터 소스가 어디 있는지 알아내는 능력, 그리고 진짜와 가짜를 가려내는 능력이 더 중요한 시대가 되었다. 마지막으로 이 정보들의 맥락을 파악하고 연결해서 새로운 것을 창조하는 능력이 바로 미래 경쟁력일 것이다.

마찬가지로 금융 자본 시장을 이해할 때 주식, 회계, 공인중개, 외환을 모두 공부할 필요가 없다. 현실적으로 다 할 수 없을뿐더러, 오히려 역사, 인문, 철학이 자본 시장을 이해하는 데 더 큰 도움을 준다고 생각한다. 나 역시 디테일에 대해서는 전문가에게 맡긴다. 그 전문가들이 어디 있는지만 알면 된다.

그럼에도 자본·금융의 기본은 알고 있어야 한다. 예를 들어, 달리기를 하다가 급히 방향 전환을 하기 위해서는 한쪽 발을 축으로 삼고 다른 발로 방향을 바꾼다. 만약 축으로 삼는 발이 부실하면, 원심력과 균형이 무너져 넘어지고 만다. 이 축이 바로 '기본기'이다.

자본·금융 시장이 예측이 아닌 대응의 영역인 만큼 여기서도 중심 축이 단단히 바로 서야 빠르게 방향을 전환하고 대응할 수 있다. 그렇지 않으면 진짜 위기 상황에서 흔들리고 무너질 수밖에 없다. 그래서 기본 지식은 '공부'를 통해서, 역사·인문·철학은 '독서'를 통해서, 마지막은 실전으로 '산 경험'을 쌓아야 한다고 믿는다. 여기에 노웨어 역량을 갖춘다면 금상첨화라고 할 수 있다.

인구 감소와 부동산 시장의 관계

앞으로의 시대를 준비하면서 부동산 시장에 대해서는 어떤 관점을 가지고 바라봐야 할까? 많은 이들이 인구 감소를 이야기하며 도심 붕괴를 주장한다. 그러나 인구가 줄어들면 도심이 붕괴하지 않고 오히려 외곽 지역의 공동화가 일어나고, 남은 인구의 도심 집중 현상이 더욱 가속화되는 경향이 있다.

인구를 서울에서 수도권으로 분산시키기 위해 정부는 도로 및 교통 인프라를 개선하고, 지하철과 GTX 노선을 확장하고 있다. 이러한 노력으로 인구는 도심권에서 도심권 밖으로 일부 분산될 수 있겠으나, 반대로 인간의 욕구는 더욱 도심으로 집중될 수밖에 없다. (지금 일어나는 분산은 사실 분산이 아니라 어쩔 수 없이 도심 밖으로 밀려나는 '젠트리피케이션'으로 해석해야 한다고 본다.)

그 이유는 정부가 인구 분산을 위해 확장하고 있는 대부분의 교통 인프라 중심에는 '강남'이 자리 잡고 있기 때문이다. 다른 지역에서 강남까지의 접근성이 높아졌다지만, 반대로 생각하면 이제 강남에서 가지 못하는 지역이 없는 것이다. 따라서 인구가 다른 곳으로 분산되었다 하더라도, 도심에 살고 싶은 욕구는 그대로 남아 있으니 강남불패는 더욱 공고해질 수밖에 없다.

우리나라는 OECD 합계 출산율(여성 1명이 평생 낳을 것으로 예상하는 출생아 수) 세계 최하위에 속한다. 출산율이 줄어들면서 학령 인구가 급감해 지방의 초·중·고교뿐만 아니라 대학까지도 폐교 위험에 노출되었다. 교육부 통계에 따르면 2020년 5월 기준으로 폐교 절차를 밟은 초·중·고교는 전국 3,834개교이다. 이 수치는 전국의 초·중·고 1만 1,710개교의 32.7%에 달하는 규모다. 심지어 앞으로가 더 걱정이다. 2020년 기준 초등학교 입학생 수는 42만 명인데, 2024년엔 35만 명, 2027년엔 27만 명까지 떨어져 7년간 36%의 학령 인구가 급감할 것으로 예상된다.

그런 측면에서 많은 이들이 부동산 가치 평가에 중요한 '학군'이 훗날 유효하지 않을 수도 있다고 생각한다. 그런데 태어난 아이의 숫자가 아닌, 가구의 수라는 관점에서 바라보면 이야기가 좀 달라진다. 특히 서울의 경우는 더욱 그렇다.

예를 들어 한 가구당 과거에는 평균 3명의 아이를 낳았는데 현재는 평균 1명을 낳는다면? 가구 기준으로 학군지 수요는 모두 '1'로 변함이 없다. 100가구 기준으로 본다면, 학령 인구는 과거 300명(자녀 3명)에서 현재 100명(자녀 1명)으로 줄었지만, 학군지로 이동하는 가구는 똑같이 100가구이다.

물론 비혼족이나 아예 아이를 낳지 않고 사는 딩크족 부부가 늘어난 것도 사실이다. 그럼에도 급격하게 학군 수요가 떨어지는 것은 아니다. 인구가 줄더라도 학군지 역시 욕망의 대상으로, 집중화가 계속되기 때문이다. 이는 교육 제도가 바뀌어도 마찬가지다. 왜 인구가 줄고, 제도가 바뀌어도 학군지에 대한 선호가 지속될까? 그것은 바로 학군지에서 보이는 '끼리끼리' 문화, 그리고 '권력'과 관련이 있다. 비혼족과 자녀가 없는 가구는 이 현상에 대해 쉽게 체감하지 못할 가능성이 높다. 따라서 이해를 돕기 위해 우리나라 대표 학군지인 대치동과 목동이 어떻게 형성되었는지 살펴볼 필요가 있다. 더불어 미래 부동산 시장이 궁금한 이들을 위해 이 학군지를 대체할 지역이 생겨날 것인지에 대해서도 함께 알아보도록 하자.

대치동과
목동의 권력

전 세계에서도 찾아볼 수 없는 대형 학원가 밀집 지역이며, 대한민국 사교육 1~2번지라 불리는 지역이 있다. 바로 대치동과 목동이다. 우리는 이 지역들을 '학군지'라고 부른다.

사실 학군지로는 대치동, 목동뿐만 아니라 중계, 고덕, 분당, 광장 등 다양한 지역들도 거론된다. 또한 과거에 낙후된 지역이었어도 대규모 신축이 들어서고 중산층 가구가 유입 및 유지되면, 중장기적으로 그 지역의 학교들이 상향 평준화되기 때문에 학군도 개선될 여지를 갖기 마련이다.

이렇듯 새롭게 태어날 학군지에 대한 기대와 열망으로 미래 학군지가 어디일지 갑론을박이 펼쳐지지만, 대치동과 목동을 대체할 만한 곳은 아직 없어 보인다. 그 이유를 군이 하나로 집어 말하자면, 바로 '대형 학원가의 밀집도'일 것이다. 그래서일까? 어느덧 대치동, 목동은 학군을 대표하는 고유명사 혹은 브랜드가 되어버렸다.

그렇다면 이 지역이 학군 프리미엄을 유지하는 이유가 과연 학원가 때문이라고만 할 수 있을까? 또한 이 지역이 앞으로 새롭게 떠오르는 학군지에 의해 위협받을 때가 올까? 앞으로 떠오르는 서울의 학군지는 어디가 있을까?

이러한 질문에 합리적인 답변을 하기 위해서는 왜 학군지가 태동했고, 현재는 어떠한 상황이고, 앞으로는 어떤 이슈가 있을지 알아야 한다. 그러므로 과거-현재-미래 순으로 학군지의 역사와 현황을 간단히 살펴보도록 하자. 학군지는 단순 학원가와 학업성취도의 이슈로 생겨나는 것이 아니기 때문이다.

서울 학군지의 탄생

대한민국에서 '학군'이라는 말이 본격 사용된 시점은 1970~1980년대 서울 고등학교 학군 개편 과정에서였다. 당시 우리나라는 산업화 과정을 거치며 유례없는 성장을 했고, 성장의 중심인 서울의 인구는 폭발적으로 증가하고 있었다.

서울 연구데이터 서비스에 따르면, 서울은 1988년 서울올림픽을 기점으로 인구 1,000만 명을 돌파했지만, 1970년대만 해도 그의 절반 수준인 540만 명에 불과했다. 1970년에서 1980년까지 서울의 인구는 하루 평균 약 800명씩 늘어났다. 따라서 당시 주요 공장과 산업, 교육 시설이 집중된 강북에 유입되는 인구를 더 이상 수용할 수 없는 상황에 이르렀다. 정부는 한강 이남지역(강남)을 개발해야 할 필요성을 느꼈고, 주요 산업지구와 인구를 분산하기 위해 강남 개발에 본격 착수하게 된다.

지금이야 강남이 대한민국 권력과 교육의 중심처럼 여겨지지만, 1975년까지 강남 영동지구는 5,300여 채의 건물과 인구 10만 명 정도가 있던 곳이었다. 현재 MICE 산업(대형 컨벤션과 관련된 복합 산업)으로 대한민국 국제교류복합지구의 중심이 될 것으로 예상되는 잠실은 그 유래가 땅에 뽕밭이 많았기에 '누에 잠蠶'자가 붙은 이름이 된 것이다. 또한 영동지구는 "남편 없이 살아도 장화 없이 못 산다"는 말이 나올 정도로 비만 오면 진흙탕 때문에 살기 힘든 동네였다.

이런 곳에 인구를 분산시키기 위해선 강북에 밀집된 주요 기반 시설을 이전할 필요가 있었다. 당시 정부는 강북에 있는 호텔, 백화점, 제조업체, 대학의 신설 및 증설을 불허하는 강경책을 썼다. 게다가 중구, 종로 등에 위치한 술집, 나이트클럽까지 규제하면서 유흥업계가 타격을 받고 강남으로 이전하는 계기가 되었다. 뒤이어 서울 강남 중심으로 행정구역까지 개편하게 된다.

그렇게 강남 개발이 한창 진행되고 있었어도 이제 막 개발된 신도시였기 때문에 인프라라고 할 것이 거의 없었다. 개발에 대한 기대로 집값은 들썩였지만, 실질적인 인구 이동은 미미했다. 이렇다 보니 정부의 고민은 깊어졌고, 결국 산업 시설뿐만 아니라 교육 시설에도 본격적으로 개입하게 된다. 이제 정부 차원에서 강남 띄우기의 일환으로 강북의 명문학교를 강남으로 보내기 시작한다. 한 가정의 최종 권력은 자녀이기 때문에 자녀 교육기관을 옮겨 놓으면 가구는 따라 움직일 수밖에 없다고 본 것이다.

이런 상황에서 1972년 당시 문교부는 서울 도심의 고등학교를 강남으로 이전할 계획을 발표하기에 이른다. 이를 계기로 교육의 큰 축은 강북에서 강남으로 이동하기 시작했다.

강북 명문고의 강남 이전

과거 고교 평준화 이전까지 서울에는 경기고, 휘문고, 서울고, 경복고 등 국립 및 사립 명문고가 존재했다. 이 학교들은 모두 강북에 있었다. 이 중에 경기고등학교는 단연 명문고의 상징과도 같았다. 정부는 1976년 강북 화동에 위치했던 경기고를 먼저 강남 삼성동에 이전하는 강수를 둔다. 뒤이어 1978년엔 사립의 명문 휘문고를 강남구 대치동으로 이전한다. 휘문고가 사립인데도 정부의 압박으로 이전한 사유는 대치동에 위치한 휘문재단 소유의 땅을 정부가 개발 제한구역으로 규제했기 때문이라는 의견이 지배적이다. 이 땅을 볼모로 잡혀 사용할 수 없게 되자 휘문재단은 종로구의 부지를 팔고 학교를 강남의 대치동으로 이전하는 게 이익이라 판단한 것이다. 1980년에 들어서는 종로구 신문로에 위치한 명문 서울고를 서초구 서초동으로 이전 한다. 그 밖에도 숙명여고, 한영고, 배재고, 양정고, 진명여고 등을 모두 한강 이남지역으로 보낸다.

이로써 강북의 밀집되었던 상업지구, 유흥 시설, 그리고 행정과 교육까지 대한민국의 기울기가 급속도로 한강 남쪽에 자리하게 되었다.

학교명	기존 지역	이전 지역
경기고	종로	강남 삼성
휘문고	종로	강남 대치
숙명여고	종로	강남 도곡
서울고	종로	서초 서초
중동고	종로	강남 일원
진명여고	종로	양천 목동
보성고	종로	송파 방이
창덕여고	종로	송파 방이
양정고	중구	양천 목동
경기여고	중구	강남 개포
배재고	중구	강동 고덕
배명고	중구	송파 삼전
한영고	성동	강동 고덕

1970~1980년대 강북 주요 고등학교의 강남권 이동 이력

그렇다면 왜 한강 이남지역 중에서도 학군지가 대치와 목동으로 모였을까? 당시 대치는 강남에서도 변두리에 속한 지역이었다. 목동은 한강 이남에서도 서쪽에 위치해 말할 것도 없다. 이 경우는 교육에 대한 수요와 공급의 관점에서 쉽게 해석할 수 있다. 이에 관해 다음 글에서 계속 이어가도록 하자.

학군지라는
블랙홀

교육 수요와 강남 8학군의 탄생

1980년 서울시 교육위원회는 고등학교 배정을 출신 중학교 중심의 배정 방식에서 거주지 중심으로 개편했다. 과거 도심의 명문 학군이 강남으로 그대로 이전함과 동시에 거주지 중심으로 개편되다 보니 아예 강남 거주지가 곧 명문학군이 되었다. 소위 '강남 8학군'이 탄생한 것이다. 여기에 당시 신축 아파트가 강남권에 계속 공급되면서, 중산층 이상의 자녀들이 유입되기 시작해 고등학교뿐만 아니라 초등학교, 중학교 학군도 향상되었다.

경제력 있는 중산층 이상의 가구가 은마아파트로 대표되는 대단지 신축아파트와 함께 유입되었고, 휘문고, 숙명여중·고, 중대부고, 단대부고 등 8학군을 이루다 보니 강남, 대치 지역에 대규모 학원가를 유치할 수 있는 충분한 수요가 갖춰졌다. 또한 주요 행정(권력) 기관인 대법원, 검찰청이 강북에서 강남(서초)으로 이전하며 주변에 엘리트 집단이 모여 살기 좋은 기반을 닦아놓았다.

목동의 경우도 비슷했다. 1980년 중반 아시안게임, 서울올림픽 준비를 목적으로 김포공항 주변 정비를 위해 목동 개발을 서둘렀는데, 이때 목동 종합경기장, 이대부속병원 등을 유치하고, 강북의 양정고, 진명여고를 목동 아파트 안에 신축하여 인구 유입을 유도했다. 이어 남부지방검찰청, 남부지방법원 등의 주요 관공서와 SBS, CBS 등의 방송국이 들어서면서 목동에도 대형 학원가를 만들 수 있는 기반이 탄탄히 생겼다.

결과적으로 대치동, 목동의 공통적인 특성을 수요의 측면에서 요약하면 다음과 같다.

강북 과밀화 → 상업 · 행정 · 교육 시설 한강이남 이전 → 대단지 신축 공급 → 고소득 중산층 인구 유입 · 유지 → 양질의 사교육 수요 증가 · 유지 → 중산층 이상의 자녀 타깃 학원가 형성

교육 공급과 학군지의 완성

여기에 교육적 공급 측면에서 대치동, 목동이 대표적 학군지로 자리 잡은 이유는 다음과 같다.

첫째, 상대적으로 저렴한 상가로 학원가 대거 유입이 일어났다. 강남의 변두리였던 대치동은 당시 강남권의 다른 지역보다 상대적으

로 상가가 저렴해 학원가가 형성되기 유리했다. 이는 목동도 마찬가지였다.

둘째, 양질의 강의를 하는 학원 강사가 대거 공급되었다. 시대적 상황을 보면 1980년대 한국사회는 민주화 시대로 대표된다. 5.18민주화운동부터 서울대 박종철 고문치사, 연세대 이한열 시위 중 사망을 시작으로 1987년엔 민주항쟁이라는 대규모 범국민적 시위가 발생했다. 전두환 전 대통령이 자리에서 내려오고, 뒤를 이은 노태우 전 대통령 수습안을 발표로 대통령 직선제 개헌이 이루어졌다. 이러한 사건들은 민주화에 큰 영향을 주었다. 당시 지성을 갖춘 젊은 세대는 사회 변혁과 개혁을 부르짖으며 거리로 나왔다. 하지만 당시 김영삼, 김대중 후보의 단일화 실패는 결국 트로피를 군부 출신인 노태우에게 안겨줬다. 그리고 노태우 전 대통령은 취임 이후 1989년 전국 교직원 노동조합 설립 전후로 사회개혁 성향, 진보 성향의 교직원들을 대거 해임하게 된다. 이 교직원들의 일부가 대치, 목동, 중계 등의 학원가에 초반 유입되어 사교육의 양과 질을 동시에 높였다는 게 당시 학원 강사 공급 배경의 정설로 전해지고 있다.

명문 학군이 대거 이전했고, 주변에 상업 시설이 자리 잡고, 그 주변에 주요 행정기관이 들어서고, 또 그 주변에 대규모 신축 단지가 들어서면서 재력과 권력이 있는 엘리트 집단이 정착하게 되어 자녀들에 대한 사교육 수요가 증가하기 시작한 것이다. 거기에 상대적으로 저렴한 부지의 학원가가 형성되었고, 또 거기에 교사들이 강사로 대거 유입되면서 엘리트 집단의 자녀를 케어하는 인프라가 공급되었다.

이렇게 대한민국 역사에서 '학군'이 탄생하게 되었다.

대치동과 목동을 뛰어넘는 학군지가 있을까

그런데 왜 다른 지역은 아직까지 대치, 목동, 그리고 중계까지 학원가가 밀집된 학군지를 대체하지 못할까? 쉽게 생각하면, 서울 사교육시장에 대치, 목동, 중계라는 3개의 강력한 블랙홀이 존재한다고 보면 된다. 그리고 이 블랙홀은 주변의 학군 수요를 모두 빨아들인다. 잠실을 예로 들어보자. 잠실 역시 떠오르는 상업개발중심지구로 대규모 신축 아파트도 들어왔는데, 왜 학원가가 대치만큼 형성되지 못한 걸까?

잠실에 사는 학부모들의 선택지는 크게 세 가지다. 대치로 직접 들어가거나(매수, 전세 등) '대치 라이딩(부모가 자차로 자녀의 학원 등원을 도움)'을 하거나, 마지막으로 잠실에서 아이를 가르치는 것이다.

이때 잠실에 거주하는 학부모는 대체로 대치에 살거나 라이딩을 선택할 것이다. 그 이유는 워낙 대치동이 대체 불가능한 학원 인프라를 갖추고 있기 때문이다. 그러므로 주변 신흥 강자가 나타나도 대치동 학원이 그 수요를 모두 흡수해 인근 지역에 학원가가 제대로 형성되기 어려운 것이 사실이다. 결국 대치, 목동 주변은 이를 능가하는 학원가 형성이 앞으로도 어렵다고 본다.

마포구 대흥동의 경우도 미래 학군지로 거론되지만, 사실은 마포에서 아이가 취학을 앞둘 경우 학구열이 높은 부모는 목동으로 가거나 강남으로 내려가는 추세이다.

따라서 대치, 목동과 같은 신흥 학군지가 되려면 첫째, 대치와 목동과의 물리적 거리가 멀어야 하며 둘째, 상업·편의 시설(돈), 공공·행정기관(권력), 명문 학군·학원가(인프라)가 갖춰져야 하고 셋째, 대단지 신축 아파트가 공급되어 자본력 있는 가구들로부터 수요를 만들어야 한다.

이런 곳이 있다면, 앞으로 대치, 목동과 차별화를 두며 학군지로 부상할 수 있다. 하지만 이 조건을 모두 충족시키는 곳은 앞으로도 생겨나기 쉽지 않을 것이다. 그러므로 대치, 목동 지역은 향후에도 학군지 위상을 공고히 할 것으로 보인다.

학군이 권력이라고 말한 데는 실제로 학군지에 권력기관이 위치해 있고, 또한 강북의 명문학교가 강남으로 이전하면서 가구의 권력인 자녀의 면학 분위기를 위해 이사가 활발해지며 학군지가 형성되었기 때문이다.

따라서 학군지에 대한 정의를 학원가라고 일컫는다면 강남 안에서도 대치에 대해 이야기하겠지만, 사실 학군의 정의는 좀 더 포괄적으로 봐야 한다. 그리고 그 포괄적인 의미에서의 자녀 양육을 위한 학군지는 앞으로도 더 평범한 사람들이 접근하기 힘든 곳으로 갈 가능성이 높다. 압구정, 반포, 도곡 등이 여기에 해당한다. 이 지역에는 이미 높은 집값으로 보이지 않는 성벽이 세워졌다.

이런 탓에 강남을 권력이라고 일컫는다. 이 권력을 다시 나누기 위해서는 실제 권력기관을 이전시켜야 한다. 하지만 현실적으로 쉽지 않다. 국회를 세종으로 이전할 때와 마찬가지로 반발이 거세기 때문이다. 그래서 학군지는 결국 계속 수요가 넘칠 수밖에 없다. 학군 수요의 핵심은 자녀의 안전과 비슷한 수준 간 '끼리끼리 네트워크'이며,

이것은 곧 권력과 관련되어 있기 때문이다. 그러므로 강남에 위치한 명문 학교와 권력기관이 건재하는 한 학군지 집중화는 사그라들지 않을 것이다.

디지털 거리두기의
필요

"애들 TV 보고 스마트폰 보는 거 못 막아요."

요즘 부모들의 변(辯)이다. 요즘 시대의 어린이는 태어나면서부터 다양한 디지털 기기에 노출된다. 그리고 시간이 조금만 지나면 스마트폰과 태블릿을 끼고 산다. 상황이 이렇다 보니 간혹 이런 생각을 가진 부모가 늘고 있다.

"어차피 요즘 세대 아이들은 디지털이 일상인 시대에 살아야 하니까 일찍 접한다고 크게 문제될 것 같지 않아요. 오히려 나중에 코딩에 관심 갖고 더 잘 배우지 않을까요?"

지금 자녀들이 넋 놓고 보고 있는 스마트폰에도 분명히 순기능이 있을 거라 믿는 부모님들에게 나는 그런 환상에서 빨리 벗어나는 게 좋을 것 같다고 말한다.

실리콘밸리의 자녀는 스마트폰을 안 쓴다

미국 디지털의 심장이라 불리는 캘리포니아 실리콘밸리에는 애플, 구글, 아마존, 넷플릭스 등 다수의 글로벌 기술 선도 기업이 포진해 있다. 이처럼 미래 기술의 성지라고 불리는 실리콘밸리의 부모들은 자녀들이 스마트폰을 어떻게 활용하도록 지도할까?

대다수의 예상과 달리 실리콘밸리의 부모들은 자녀와 스마트폰을 완전 차단한다. 오히려 부모가 ICT기업에 밀접하게 종사하는 가구일수록 자녀를 디지털로부터 더 떼어놓으려고 애쓴다.

실리콘밸리의 경영진 자녀들이 다니는 것으로 유명한 페닌슐라 발도르프 학교Waldorf School of the Peninsula ˙는 유치원 과정만 한국 돈으로 3,000만 원이 넘는다(약 2만 7,000달러). 이 학교는 수업 과정에서 기술과 기기를 완전 배제한다. 고등학교 이전까지는 교실에서 스마트폰과 태블릿, 심지어 컴퓨터까지 사용하지 않는다. 대신 학생들은 종이책과 칠판으로 공부하고, 교사는 학생들이 흙, 나무, 물 등 자연 속에서 흥미와 재미를 찾도록 한다. 자녀에게 디지털 기술 없는 교육 환경을 만들어주려는 노력은 이제 실리콘밸리를 넘어 미국 부유층 부모의 교육 트렌드로 확산되고 있는 추세다.

이처럼 실리콘밸리의 부자 자녀들이 종이책과 자연을 접하며 성장하는 반면 근처 가난한 국공립학교에서는 아이들에게 태블릿PC를 제

˙ 1919년 독일에서 창시된 발도르프 교육은 주입식 전통교육 방식에 반기를 들고 아이들 스스로 전인적 인간으로 성장할 수 있도록 자연, 예술, 학문의 조화로운 학습을 중시하는 대안교육 시스템이다. 교육개혁 대안 모델로 평가받으며 현재 각국에 수천 개의 학교와 유치원이 세워져 있다.

공하며 '스마트 교육'을 시행하고 있다. 실제 디지털 기기 사용 시간도 부모의 소득에 따라 차이가 난다. 2018년 〈뉴욕타임스〉에 따르면, 고소득층 자녀의 디지털 화면 평균 시청 시간은 5시간 42분인 반면 저소득 가구 자녀는 8시간 7분이다.

2018년 과학기술정보통신부와 정보화진흥원이 발표한 '스마트폰 과의존 실태조사'에서는 우리나라의 만 3세 이상 국민의 89.5%가 스마트폰을 소유하고 있다고 나타났다. 특히 3~9세 유아와 아동 중 20.7%가 스마트폰 과의존 위험군으로 분류되어 있다.

어린 시기에 스마트폰에 노출되고 직접 디지털 기기를 사용할 경우 그렇지 않은 아이들보다 주의력, 집중력, 상호 관계, 학습 능력 등이 현저하게 떨어졌다는 연구는 이미 뉴스를 통해 자주 접했을 것이다. 어린 시절에 발달해야 하는 기능들에 결핍이 오고 성장하지 못하는 이유는 너무 이른 나이에 너무 강한 자극이 주어졌기 때문이다.

아이들이 많이 보는 유튜브는 적자생존의 공간이다. 유튜브가 알고리즘을 통해 추천해 주는 영상들은 단 몇 초만 봐도 시청자의 눈을 사로잡을 수 있는 콘텐츠이다. 알고리즘은 그것들을 선별해서 선반에 올려놓고 이용자 대상으로 장사를 한다.

콘텐츠가 자극적일수록 이용자의 시청 시간을 늘리는 데 유리하다. 우리가 영상을 누르는 순간 내 시간의 몇 분은 말 그대로 순삭(순식간에 삭제)당하는 것이다. 지금 우리 아이들이 이런 자극적인 콘텐츠에 노출되고 있다. 유튜브에서 성공한 콘텐츠의 공통적인 속성이 몇 가지 있는데, 바로 다음과 같다.

1. 생각하지 않고 웃을 수 있는 콘텐츠

2. 자극적, 가학적, 폭력적인 장면들

3. 분노를 불러일으키는 아젠다

4. 은근하게 숨어 있는 성적 메타포

과연 이런 콘텐츠를 보는 아이들이 추후 혼란한 세상 속에서 스스로 사고하고, 합리적 판단을 내릴 수 있을지 답은 명확하다.

아이가 '진짜 세상'을 살게 해주고 싶다면

우리는 막 태어난 아이에게 라면을 먹이지 않는다. 모든 것에는 단계가 있듯이 먹는 것에도 단계가 있기 때문이다. 그래서 모유나 분유를 먹이다가 소화기관이 자라면 이유식을 시작하고 아이가 어느 정도 성장하면 그제야 어른들 식단을 조금씩 먹이기 시작한다. 1~3세 아이에게 어른들이 먹는 매콤하거나 자극적인 음식을 주지 않는다. 그보다 자극이 덜한 음식을 주더라도 아이에게는 충분한 자극이 되고 음미할 수 있기 때문이다.

아이의 뇌도 마찬가지다. 어린 자녀가 유튜브를 시청할 때 그 자녀의 뇌에 어떠한 강한 자극과 충격이 가해지고 있는지 우리는 미처 다 알지 못한다. 어린 자녀에게 스마트폰이나 유튜브를 보여주는 행위는 흡사 밥알을 처음 씹었을 때 탄수화물의 달달함을 느끼며 즐거워해야 할 아이에게 성인이 먹는 최상급의 당도를 자랑하는 벨기에산 초콜릿을 입에 넣어주는 행위와 같다.

물 흐르는 소리, 따사로운 햇살의 감촉, 흙의 촉감을 느끼는 아이들은 본질적인 즐거움을 하나하나 배워가며 성장하고 있다. 반면 스마트폰에 일찍 노출된 아이는 그런 자연의 대상에 관심을 주지 않는다. 이미 충분히 강한 자극이 스마트폰의 작은 화면에 담겨 있기 때문이다. 바람이 살랑살랑 불어와도 물소리가 재잘재잘 들려와도 아무 관심도 없을뿐더러 작은 것에서 큰 즐거움을 찾지 못한다. 단지 빨리 엄마 아빠가 자기 손에 스마트폰을 쥐어주길 바랄 뿐이다.

애플 창업자이자 아이패드를 세상에 선보인 고故 스티브 잡스는 생전 인터뷰에서 자녀들이 아이패드를 좋아하냐는 질문에 "아이들이 아이패드를 써본 적이 없다"고 답했다. 오히려 그는 매일 저녁 식탁에서 아이들과 책과 역사에 대한 이야기를 나눴다고 한다.

페이스북 창업자 마크 주커버그는 자녀와 독서, 야외 활동, 여행을 즐기고 스마트폰을 멀리하는 것으로 알려져 있다. 트위터 창업자 에반 윌리엄스도 테이블엔 태블릿이 없어야 한다는 육아 철학을 가지고 있다. 빌게이츠 역시 자녀들에게 스마트폰을 주지 않고, 컴퓨터도 오로지 주방에서만 사용을 허락했다고 한다.

디지털 기술이 진화를 거듭하며 시장에 확산될수록 실리콘밸리의 수많은 경영진의 주머니는 두둑해질 것이다. 하지만 반대로 그들 자녀에게서 자신이 만든 디지털 창조물을 떼어놓으려 더욱 노력하고 있을 것이다. 앞서 살펴본 대로 미국 부유층 부모들 역시 자녀에게 디지털 노출을 최대한 뒤로 미루고 있다. 그러나 그와 반대로 소득이 낮은 가구의 자녀는 온라인 교육(에듀테크)을 강요받으며 디지털 기기에 일찍 노출된다. 미래의 교육 형태에도 이미 빈부격차가 발생하고 있는 것이 아닌지 우려된다.

부자의 자녀는 진짜 사람과 진짜 자연을 마주하며 진짜 삶을 사는 법을 배우고 있다. 반면 빈자의 자녀는 디지털 속의 세상을 마주하며 디지털 세상에 적응하는 법을 배운다. 이번 코로나19 사태를 경험하며 우리는 당연하지만 새로운 사실을 깨닫게 되었다. 대면의 인간관계는 생각보다 높은 가치를 지니고 있다는 점 말이다. 우린 잊고 살지만 사실 인간관계와 자연은 높은 가치만큼이나 높은 비용을 지불해야 이용할 수 있다. 반대로 비대면·디지털은 대면·자연보다는 상대적으로 저렴하게 이용 가능하다. 당신의 자녀에게는 무엇을 제공해줄지 고민해봐야 한다.

지금 우리의 자녀들은 '진짜'를 살고 있는가? '가짜'를 살고 있는가? 값비싼 인간관계를 배우고 있는가? 값싼 디지털 세상 속에서 광고에 노출되고 있는가? 적어도 우리 자녀가 익혀야 할 것은 대면·인간관계의 사회적 거리두기가 아니라 비대면·디지털의 사회적 거리두기라고 생각한다.

자산 부자,
시간 거지

부자의 기준은 무엇일까

KB경영연구소의 '한국 부자 보고서'에 따르면, 사람들은 총자산 60억 원 이상이 되면 자신이 부자라고 생각한다고 한다. 그런데 총자산 60억 원을 가지게 되면 진짜 부자가 될까?

한때 인터넷에서 '나라별 중산층의 기준'이라는 글이 유행했다. 그 내용은 다음과 같다.

한국의 중산층 기준

- 부채 없는 아파트 30평 이상 소유
- 2000cc급 중형 자동차 이상 소유
- 월 급여 500만 원 이상
- 예금 잔액 1억 원 이상 보유

프랑스의 중산층 기준

- 외국어 하나를 할 수 있을 것

- 직접 즐기는 스포츠가 있을 것

- 다룰 줄 아는 악기가 있을 것

- 남들이 할 줄 아는 것과 다른 요리를 만들 수 있을 것

- 사회적 공분公憤에 의연히 참여할 것

- 약자를 도우며 봉사활동을 꾸준히 할 것

미국의 중산층 기준

- 자기주장에 떳떳할 것

- 사회적 약자를 도울 것

- 부정과 불법에 저항할 것

- 정기적으로 받아보는 비평지가 있을 것

당시 이 글을 접한 대다수의 사람들은 우리나라 사람들이 너무 '돈, 돈' 거리는 것은 아닌지 자책했을 것이다. 하지만 앞서 중산층의 기준은 프랑스인이나 미국인 전체를 대변하는 것이 아니다. 프랑스는 1969년 조르주 퐁피두 전 대통령의 공약집에 담았던 '삶의 질'에 관한 내용이고, 미국은 공립대학교에서 포괄적인 기준을 제시한 것뿐이다. 사실 어딜 가나 자본주의 사회에서 사람들이 생각하는 부의 기준이 되는 것은 결국 자본이었다.

그렇다면 자본이 많으면 부자일까? 그럴 수도 있다. 부자라는 말 자체가 재물이 많은 사람을 뜻하니 말이다. 하지만 누군가 나에게 부

자가 무엇이냐 묻는다면, 단순히 자본이 많은 사람이라고 답하지 않겠다.

나에게 있어서 진정한 부자는 자신의 '공간'을 여유롭게 가지면서, 자신의 '시간'을 자유롭게 사용하는 사람이다. 결국 우리 삶의 본질은 시간과 공간에서 나오기 때문이다.

따라서 부라는 것도 시간과 공간이라는 틀 안에서 정의하면 명료해진다. 우리가 돈을 버는 이유는 결국엔 시간을 벌고 공간을 확보하기 위한 것이기 때문이다.

그렇다면 자본이 공간과 시간에 어떻게 투영되고 흘러가는 것일까? 공간에 대한 이야기는 1장에서도 강조한 바 있다. 경제학자 헨리조지는 자본주의 시스템에서 발생한 잉여금은 결국 땅으로 간다고 말했다. 왜 땅으로 갈까? 지구상에 있는 모든 동식물은 각자가 자신만의 공간이 필요하기 때문이다. 식물은 자신이 뿌리내리고 살아갈 땅이 필요하고, 동물 역시 자신만의 공간을 위해 영역 표시를 한다.

인간도 마찬가지로 자신만의 공간이 필요하다. 그렇기 때문에 거주 공간은 인간의 기본권에 해당한다. 이러한 거주 '공간'에 인간의 욕망이 반영된 실물이 집이고 땅이며 부동산일 것이다. 이렇듯 우리 삶에 있어 공간은 필수이자 욕망 그 자체라고 볼 수 있다. 자본이 땅으로 흐르는 건 어찌 보면 당연한 일이다.

우리 삶을 구성하는 공간에 자본이 흐르듯 시간에도 자본이 투영된다. 예를 들어 홍길동이라는 사람이 있다고 가정하자. 얼마 전 소개팅을 한 그는 상대방에게 호감을 느꼈다. 그는 '애프터'를 신청했고 레스토랑에서 그녀와 함께 밥을 먹었다. 이후 몇 번 더 데이트를 즐겼고, 그는 프로포즈를 위해 선물을 구매했다. 이 과정에서 홍길동은 음식점, 카페 등의 데이트 비용과 고가의 선물 비용을 지출했다. 그렇다면 그의 자본이 음식점, 카페나 선물에 지불된 것일까?

아니다. 궁극적으로는 그녀의 시간을 사는 데 지불되었다. 표면상으로는 식비, 카페, 선물 비용이었지만, 그것은 결국 그녀와의 시간을 보내기 위해서였다.

결국 진정한 부는 여유로운 공간을 확보하는 능력과 행복한 시간을 보낼 수 있는 능력이다. 자본주의 시스템에서는 우리 삶을 구성하고 있는 본질인 공간과 시간을 구매할 수 있도록 했기 때문이다. 그 본질을 지배하는 사람이 진짜 부자다.

공간은 여유롭게 시간은 자유롭게

그런데, '여유'로운 공간과 '자유'로운 시간은 총자산 60억 원과 같이 객관적 척도로 잴 수 없다. 주관적이기 때문에 그 정도가 사람마다 다르다. 다소 추상적인 얘기 같지만, 바로 그 이유 때문에 부라는 것은 상대성을 띤다고 본다.

예를 들어 총자산 60억 원을 달성해서 겉으로 볼 때 부자 반열에 오른 사람이 있다. 그러나 그는 여전히 일에 스트레스를 받으며, 자신의 시간을 가족과 제대로 쓰지 못하고 있다. 높은 연봉과 자산을 가졌음에도 삶에 여유가 없다. 집에서는 아빠나 남편의 역할보다 돈 버는 기계에 까워진 지 오래다. 이런 사람이 진짜 부자일까 되묻는다.

반면 총자산이 30억 원인 사람이 있다. 객관적으로 부자라고 말하기에 아직 이른 감이 있다. 그러나 그는 자신이 느끼기에 여유로운 집(공간)을 확보했다. 그리고 때에 따라서 자신의 시간을 자유롭게 사용한다. 그에게는 업도 중요하지만 가족, 사랑, 건강이 더 중요하다. 좋아하는 운동, 음악, 독서 등에 시간을 투자한다. 마음이 풍요롭고 인생이 풍성하다고 느낀다. 나는 이런 사람이 진짜 부자라고 생각한다.

일에 얽매여서 사랑하는 가족들과 시간을 마음대로 보내지 못한다면, 억대 연봉의 자산가여도 부자라고 할 수 없다. 그냥 돈 많이 버는 노동자일 뿐이다.

또한 애초에 물려받은 자산은 있는데 품성이나 인격을 갖추지 못한 부류도 마찬가지다. 이런 사람들은 부자라 부르지 않고 졸부라고 불린다. 그러므로 자본의 많고 적음이 진정한 부자의 척도라고 볼 수 없다.

진짜 부자는 돈을 주고 시간을 사는 사람들이다. 반면 빈자는 시간을 주고 돈을 산다. 우리 대다수는 여전히 시간을 주고 돈을 사고 있다. 따라서 모두가 자신만의 기준을 확실히 세워야 한다. 그래야만 훗날이라도 진짜 자기 시간을 쓸 수 있게 된다.

그동안 자본주의 쳇바퀴 안에서 열심히 앞만 보고 달렸다면, 이제 내려올 줄도 알아야 한다. 만약 자신만의 부의 기준과 목표가 제대로 서 있지 않다면, 자본주의 머니게임이라는 쳇바퀴 안에서 영원히 달리다가 인생이 끝날지도 모른다. 인간의 욕심은 끝이 없기 때문이다. 부동산으로 내 공간을 확보했으면, 이제 내 시간도 제대로 쓸 줄 알아야 한다.

돈을 벌 수 있는 기회는 언제든 찾아온다. 하지만 사랑하는 사람의 미소, 생글거리는 아이의 눈빛, 지금의 건강, 이 모든 것은 찰나의 순간이 지나면 사라진다. 다시 오지 않을 이 순간을 위해 비용을 아낌없이 지불하고 놓치지 않아야 한다. 그 시간에 비용을 지불하고 소중히 다뤄야 한다. 그게 진짜 '부자'다.

초등학생 때 영화 〈죽은 시인들의 사회〉를 보고 충격을 받았던 기억이 난다. 이후 고등학생 때 다시 그 영화를 접했고, 성년이 되어서는 따로 찾아보게 되었다. 이 영화를 본 사람들 대다수가 '카르페디엠Carpediem'을 기억할 것이다. '현재를 즐겨라'라는 의미를 가진 이 경구는 당시 나에게 큰 깨우침을 줬다. 그리고 이후 수년 동안 '현재'라는 가치에 대해 스스로 많은 생각을 하게 되었다.

결과적으로 그때 그 생각들이 지금까지도 나에게 큰 영향을 끼치고 있다. 어떤 의사결정을 해야 할 상황에서는 항상 지금 이 현재를 포기할 것인가에 대한 질문에 답하고 결정한다.

내가 아끼는 경구에는 '현재를 즐겨라'도 있지만, 반대로 '현재를 희생해야 한다'는 경구도 있다. 바로 'No pain, No gain'. 고통 없이는 얻는 것도 없다는 이 말은 내가 이룬 크고 작은 성공들의 든든한 기반이 되어주었다.

다른 사람들의 성공한 과정을 봐도 대부분 마찬가지다. 그들은 고통이 있었기에 성공의 단맛을 봤다. 예를 들어 일반적으로 서울대나 의대를 나온 사람을 마주할 때 사람들은 그들의 우수한 두뇌가 큰 몫을 했다고 생각한다. 그들이 겪어온 고통스러운 시간은 생각하지 않는다. 물론 이들은 우수한 뇌를 가졌다. 하지만 우수한 뇌를 가진 사람들이 모두 일류 대학이나 의대를 가는 것은 아니다. 그들은 최소 12년간의 교육 커리큘럼 안에서 누구보다 치열하고 고통스러운 과정을 겪었다. 남들 잘 때 깨어 있고, 남들 뛰어놀 때 문제와 씨름했기 때문에 얻은 결과인 것이다. 반면 이들이 깨어 있을 때 좀 더 자고, 이들이 문제를 풀며 스트레스 받을 때 친구들과 놀면서 스트레스를 풀었던 사람들은 이들과 같은 결과를 가져오지 못할 가능성이 높다.

부동산 시장에서 말하는 '몸테크'도 마찬가지다. 몸테크란 훗날 재건축을 바라보고 구축 아파트에 살면서 쾌적한 주거 환경을 일부 포기하며 사는 투자를 일컫는다. 몸이 고생하는 투자라 하여 '몸 + 재테크 = 몸테크'라고 부른다. 몸테크는 부동산 혹은 자본 시장의 대표적인 'No pain, No gain' 사례라 할 수 있다. 고통의 시간을 몇 년간 견뎌내기만 한다면, 훗날 더 큰 보상이 기다리고 있기 때문이다.

Carpediem (카르페디엠, 현재를 즐겨라)
No pain, No gain (고통 없이 얻는 것은 없다)

이 두 경구는 사실 함께하기엔 이율배반적이다. 그럼에도 나는 인생과 투자에 있어서 이 두 경구를 모두 참고한다. 미래에 더 큰 자산을 얻기 위해서는 지금의 희생과 고통이 필요하다는 것을 인정해야 할 때도 있다.

근로소득뿐만 아니라 자본소득 역시 몸테크와 같은 사례에서 보듯 그 자본을 쓰지 않고 모으면 자산을 빨리 불릴 수 있다. 그러나 한편으로는 한 번뿐인 인생, 다시 오지 않을 현재를 즐기고 싶은 마음도 있다. 어떤 선택이 옳은 것인지 그 처절한 고민을 내 주변에서는 여전히, 지금도 많이 하고 있다.

정답은 없다. 자신이 어디에 더 큰 가치를 두느냐의 차이일 뿐이다. 지금 이 시간을 희생하고, 훗날 그 시간에 더 큰 보상을 받을 것인지. 아니면 지금 이 시간을 붙잡고 훗날 그 시간의 보상을 포기할 것인지.

주변을 바라본다. 지금 자신의 많은 부분을 희생하며 정말 개처럼 돈을 버는 사람이 있다. 더 쾌적한 주거 환경을 위해, 더 좋은 입지로 옮기기 위해, 자녀에게 더 좋은 교육을 제공하기 위해 그렇게 한다고 했다. 그에게는 야근과 주말 출근이 일상이다. 그렇게 벌어들인 연봉은 1억 중후반이다. 이렇게 몇 년만 고생하면 된다고 한다. 그런데 그렇게 몇 년간 고생하면 정말 행복해질까? 그렇게 흘러간 시간 동안 그의 부재를 가족은 어떻게 받아들이며 살고 있을까? 그리고 그 몇 년 후에 과연 자본의 쳇바퀴, 즉 돈 벌기의 굴레에서 내려올 자신이 있는가?

사실 카르페디엠은 현재를 '즐겨라'라는 의미보다 현재를 '살아라'에 더 가깝다고 본다. 즉, 단순한 쾌락주의가 아니라 이 순간을 놓치지 말라 Seize the day는 뜻이다. 근래 광고에 자주 등장하며 소비를 유도하던 욜로 YOLO 라이프와는 결이

다르다. 현재에 놀고먹는 게 아니라 한 번뿐인 이 순간을 놓치지 말아야 한다는 의미다.

다시 오지 않을 시절, 가족과 보내는 소중한 시간 그리고 지금의 건강. 이것들을 놓치면 안 된다. 이것들은 다시 오지 않는다. 놀고먹으며 방탕하게 살자는 게 아니라 다시 오지 않을 소중한 것을 눈에 담아야 한다는 뜻이다. 그리고 그 추억을 사랑하는 사람들과 공유하며 살아야 한다.

'현재를 살아라'와 '고통 없이 얻는 건 없다'라는 두 명제 사이에서 우리는 적절한 밸런스를 찾아야 한다. 그 밸런스는 사람마다 또 가정마다 처한 상황에 따라 모두 다르기 때문에 정답은 없다. 나처럼 현재의 삶이 더 중요한 사람은 미래의 보상을 일부 포기하더라도 현재를 충실히 살고 느끼면 된다. 반대로 미래의 더 큰 보상이 필요한 사람들은 현재를 일부 희생하더라도 미래의 보상을 위해 고통을 감내하면서 뚜벅뚜벅 걸어가면 된다.

다만 현재를 살면서도 미래를 위해 일부 고통과 희생은 필요하며, 미래를 준비하면서도 현재의 삶을 놓쳐서는 안 된다. 그렇기 때문에 잠시 멈춰 서서 우리가 이 밸런스를 잘 맞추며 살고 있는지 확인해야 한다.

영화 〈죽은 시인의 사회〉에서는 카르페디엠 말고도 경종을 울리는 대사가 많다. 그중 하나를 소개하며 글을 마치고자 한다.

"의학, 법률, 경제, 기술.
이런 것들은 삶을 유지하는 데 필요하지.
그러나 시, 아름다움, 낭만, 사랑.
이런 것들은 우리 삶의 목적인 거야."

삶의 목적은 사랑, 낭만, 아름다움, 음악, 예술과 같은 가치들에 가깝다. 얼마 전 공개된 삼성 이건희 회장의 컬렉션을 보며 많은 생각을 하게 되었다. 결국 자본이란 것도 아름다운 가치를 가까이 두기 위해 존재하는 것이지 않을까?

내가 자본을 증식하는 최종 목적은 무엇인지 고민해 보면 결국 위의 가치들에 맞닿아 있다는 것을 알 수 있다. 근로소득으로 내 시간을 들여 돈을 벌고, 자본소득으로 내 자산을 들여 돈을 번다. 둘 다 자산을 증식하기 위해서다. 하지만 내 시간을 사랑하는 가족에게도 투자해야 한다. 내 자산을 시와 낭만 그리고 예술에도 투자해야 한다. 열심히 달렸으면 쉬어가야 하고 편히 쉬었으면 달릴 줄도 알아야 한다. 인생과 투자에서 자신의 밸런스를 잘 찾으며 살아가야 한다.

인생과 부의 속도

나는 뛰는 것을 좋아한다. 유산소 운동이라 건강에도 좋고, 생각 정리가 안 되거나 스트레스 받을 때 나가서 뛰면 어느 정도 해소가 된다. 간혹 뛰거나 걸으면서 아이디어가 떠오를 때도 있는데, 아마도 뇌에 산소가 공급되어 활성화되는 게 아닌가 싶다.

뛰는 것을 좋아하다 보니 자연스레 마라톤도 하게 됐다. 처음 몇 년간은 10km, 하프마라톤을 뛰다가 아내의 출산일이 다가오면서 42.195km 풀코스 마라톤에 도전하기로 결심했다.

이전에 첫 아이를 5개월 품었다가 먼저 하늘로 돌려보냈는데, 이후 어렵게 얻은 아이와 고생하는 아내를 위해 내 딴에는 뭐라도 더 간절하게 해야만 했다. 그래서 아내의 고향인 춘천에서, 나와 배우자, 태어날 아이, 가족과 지인들을 위한 기도를 킬로미터당 하나씩 총 42개를 적고 달렸다. 그 기도와 다짐들을 뛸 때의 고통과 함께 마음에 새기고 꼭 실천하겠다는 의지로.

마라톤을 하면서 개인적으로 깨달은 점이 있다면, 중요한 것은 속도가 아니라 올바른 방향이라는 점이다. 마라톤은 속도보다 완주를 목표로 하는 운동이기에 힘이 넘쳐날 때 절제하는 법을 배우고, 힘이 부족할 때 용기 내는 법을 배울 수 있다.

내 인생의 박자와 속도를 알고,

그것을 꾸준히 그리고 끝까지 이어나가는 것.

내가 한 약속에 책임지는 것.

나 자신과 한없이 고독하게 싸워서 나아가는 것.

그렇게 한 걸음 한 걸음 꾸역꾸역 나아가다 보니 저 멀리 도착 지점에서 사랑하는 가족이 나를 반기고 있었다.

42km를 달리는 혼자만의 4~5시간 속에는 내가 고통 속에서 스스로 답해야 했던 42가지 기도가 있었다. 당시의 기도 몇 가지만 소개하자면 이렇다.

가정을 위한 기도

- **사랑**으로 가정이 더욱 풍성해지길.
- **믿음** 안에서 가정의 기반이 흔들리지 않길.
- **감사**로 하루를 시작하고 물질보다 정서적 풍요를 지향하는 현명한 가정이길.
- **감정**을 공감해 주고 서로 이해하려고 노력하는 부부, 부모, 아이가 되길.
- **독서**로 세상을 탐구하고 토론하며, 지적 즐거움으로 성숙해가는

가족이 되길.

- **경험**을 통해 학습하고 산지식으로 삶이 더욱 단단하고 풍요롭게 되길. (실패도 경험이다.)
- **여행**으로 매년 잊지 못할 추억을 쌓고, 여행지에서 만난 서로 다른 인생들을 겸허하게 배워가길.
- **요리**를 하여 가정의 식탁이 더욱 풍요롭고 즐거워질 수 있길.
- **꿈**을 포기하지 않고 이룰 수 있도록 아이뿐만 아니라 배우자의 꿈도 함께 고민하고 응원하길. (배우자는 아이 키우는 사람이 아니라 꿈이 있는 사람이다. 아내가 행복해야 내가 행복하고 아이가 행복하고 가정이 행복하다.)

이런 식으로 가정을 위한 기도 10개, 가족을 위한 다짐 10개, 나를 위한 도전 10개, 사회에서의 지침 10개, 마지막 2가지 다짐을 써놓고 달렸다. 가족, 나를 위한 도전은 너무 길고 개인적인 내용이므로 생략하고, 사회에서의 지침 10개와 마지막 다짐 2가지를 이어서 소개한다.

사회에서의 지침
- 자신감을 가지되 교만하지 말기
- 웃긴 사람이 되어도 우스운 사람은 되지 말기
- 검소하되 남에게 인색하지 않기
- 용기를 가지되 객기 부리지 말기
- 신중하되 우유부단해지지 말고 결정은 확실하게 하기
- 추진력 있게 실천하되 독단과 독선은 경계하기
- 겸손한 사람이 되고 비굴한 사람은 되지 말기

- '내 탓 네 덕'이란 마음가짐으로 인생을 살아가기
- 약속은 다른 사람과 시간을 교환하는 것이니 철저히 지키되 사정이 생겨 늦으면 반드시 사과하기
- 눈과 귀는 두 개지만 입은 하나뿐이니 많이 보고 많이 듣고 적게 말하기

마지막 순간의 다짐
- 우리 아이가 건강하게 태어나도록 기도
- 아내를 생각하며 달리는 시간

그렇게 궂은 날씨에 비를 맞으며 달렸고, 종점에서 절뚝이며 달리는 나를 반기며 눈물짓던 아내 얼굴이 여전히 생생하다. 몇 년이 지났어도 여전히 나 자신을 다그칠 때면 저 리스트와 기억을 소환하곤 한다. 그리고 신발끈을 다시 동여매고 주저 없이 달려나간다.

짧다면 짧은 인생을 살았지만, 인생은 속도가 아니라 방향이라고 믿는다. 인생뿐만 아니라 부 역시 마찬가지다. 내가 인생 목표에 빨리 도달하느냐 혹은 자산을 남들보다 빨리 불리느냐가 중요한 게 아니다.

마라톤을 하다 보면 처음에 무리하다 싶을 정도로 빨리 뛰어가는 사람들이 있다. 마라톤을 오래 하신 분들은 아시겠지만, 자신만의 정해진 속도와 페이스를 잃지 않으려면 오히려 붙는 속도를 참아내야 한다. 초반부터 자신감 있게 스퍼트 치고 나간 그 사람들은 당연히도 중후반전이 되기도 전에 저만치에서 주저앉아 있다.

빠른 속도보다는 옳은 방향으로 끝까지 가는 것이 더 중요하다. 이 사실을 깨달은 사람들은 남들이 앞서가더라도 개의치 않는다. 묵묵히 자신의 인생과 부의 속도에 맞춰서 자신이 원하는 방향과 목표를 향해 천천히 뛰어가고 있다. 나는 그들을 존경하고, 나 역시 그렇게 가야겠다고 다짐한다.

그래서 마라톤을 추천한다. 풀코스가 아니라 10km라도 도전하길 권한다. 마라톤을 하면서 얻는 이점을 정리하면 다음과 같다.

첫째, (당연하게도) 건강에 좋다.
둘째, 속도가 아닌 방향과 완주의 중요성을 몸으로 깨닫게 된다.
셋째, 달리고 완주하기 자체가 성공 습관을 들이는 연습이다.

앞에서도 말했지만 나는 로또를 싫어한다. 그 이유는 로또가 무의식적으로 실패하는 습관을 심어주기 때문이다. 작은 것이라도 계속해서 도전하고 성공하는 버릇이 몸에 쌓여야 한다고 믿는다. 또한 킬로미터당 목표를 적고 달리면 그것 역시 성공할 가능성이 높아진다.
마지막으로, 어디든 달릴 수 있다는 자신감이 생긴다.
이 자신감은 세계 어디를 가든 아침에 일어나서 조깅을 할 수 있게 돕는다. 해외여행에 가서 맛있는 걸 먹고 마시는 것도 중요하지만 한 번쯤 현지인처럼 그 도시, 풍경, 냄새, 새 소리, 바람을 느끼면서 그 시간을 달려보는 것도 참 좋은 경험이라고 생각한다.
끝으로, 하와이에서 해변을 따라 뛰다가 만난 인생 풍경을 공유한다.

　결국 우리가 돈을 벌고 자본을 증식하는 이유는 바로 여기에 있지 않을까? 노년에 빈곤과 싸우는 게 아니라 사랑하는 사람과 함께 같은 곳을 바라보며 여유를 즐기는 삶이 우리네 인생길에 함께해야 한다.

　인생과 부는 속도보다 올바른 방향이라고 다시 한번 강조한다.
　당신의 삶과 가정, 사랑, 건강이 올바른 방향을 찾아 더욱 풍요롭게 천천히 그리고 묵묵히 나아가길 응원하며 글을 마친다.

자본 체력

1판 1쇄 발행 2021년 8월 13일
1판 3쇄 발행 2022년 3월 4일

지은이 닥터마빈

발행인 양원석 **편집장** 차선화 **책임편집** 박시솔
디자인 이창욱 **영업마케팅** 윤우성, 박소정, 강효경, 김보미

펴낸 곳 ㈜알에이치코리아
주소 서울시 금천구 가산디지털2로 53, 20층 (가산동, 한라시그마밸리)
편집문의 02-6443-8890 **도서문의** 02-6443-8800
홈페이지 http://rhk.co.kr
등록 2004년 1월 15일 제2-3726호

ISBN 978-89-255-7984-9 (03320)